LIVRET

FLUP!

OPÉRETTE EN TROIS ACTES

LIVRET DE GASTON DUMESTRE   MUSIQUE DE JOSEPH SZULC

LOCATION

Cette brochure qui est la propriété de l'Éditeur ne peut être ni vendue, ni prêtée, ni copiée, et doit être retournée à l'Éditeur aussitôt après la dernière représentation.

EDITIONS FRANCIS SALABERT ~ PARIS ~

AVIS IMPORTANT

Tout livret sur lequel seront trouvés dessins, [no]tations, ratures inutiles ou déchirures, sera [rem]placé par un exemplaire neuf aux frais du [dire]cteur.

4ᵉ Yᵗʰ
8560

Huy.

Opérette en Trois Actes.

de:

M.ʳ Gaston Dumestre

Musique de:

M.ʳ Joseph Szulc.

Personnages.

—

Flup,

Duc Raymond de Horigny

Lord Archibald, Résident de Kandy

Destange, officier de marine

Monsieur Flatwel, Chef de Gare

Kennedy, Maître de Poste

Sir Corsican

Le Crieur

Jim,

Maud Archibald, Présidente des suffragettes de Kandy

Edith Smithson, Vice-Présidente des suffragettes de Londres

Madame Flatwel, Suffragette

Kate, Suffragette

Liane, Suffragette.

Suffragettes, voyageurs, invités,
Domestiques, etc, etc.

—

L'action se passe à Ceylan de nos jours.

—

Pour traiter des représentations en langue française, de la location de la
partition, des parties d'orchestre, des chœurs, de la mise en scène, *etc.* s'adresser
exclusivement à M. FRANCIS SALABERT, Éditeur de l'ouvrage.
22 rue Chauchat à Paris

Acte 1er

La Place de la gare de Kandy dans l'île de Ceylan.

Au fond, en perspective, des bouquets de palmiers-nains et plus loin, l'ondulation molle des collines bleues. A droite dernier plan, la façade de la gare; mais une gare point européenne. Amusante architecture indienne avec des têtes d'éléphants en relief. A gauche, troisième plan, une rue en pente conduit au quartier indigène. La première maison qu'on aperçoit dans cette rue est l'Hôtel de "Florida House". A gauche, premier et deuxième plan, un bar.

Scène 1ère

Lord Archibald, Résident anglais, Flatwel Chef de gare, Kennedy, maître de poste, Femmes et Filles de fonctionnaires.

(Au premier plan, au milieu, Lord Archibald, très élégant, mais d'une élégance qui date un peu, écoute.)

Le Chœur (femmes.)

Non cela ne peut plus durer
Les hommes sont insupportables, insupportables.

Lord Archibald

Que voulez-vous ?

Le Chœur

Ils veulent tout accaparer
Il faut être plus équitable, plus équitable.

Lord Archibald

Expliquez-vous.

Le Chœur

Qu'on fasse de nouvelles lois

Les hommes ont tous les emplois
Peuvent voter, ce qui nous vexe....

Flatwel

Comme il est perplexe

Kennedy

Il a l'air embêté.

Chœur

Les livres saints l'ont décrété
Il devrait y avoir entière égalité
Entre le sexe mâle et l'autre sexe (bis)
Non cela ne peut plus durer
Ils veulent tout accaparer (bis)

Lord Archibald, à Kate.

Puis-je vous donner tort ?
Vous êtes trop jolie.

Chœur

Une femme, une voix.

Archibald

Mais je vous en supplie
Ne parlez pas toutes à la fois.

Reprise du Chœur

———

Lord Archibald, parlé

Écoutez, mes enfants et chers administrés. Il m'est tout à
fait impossible de prendre une décision au milieu du vacarme
que vous faites. Nous ne sommes pas au Parlement. Allons, voyons,
mesdames, expliquez-vous avec calme.

Kate

C'est très simple, voici....

Mistress Flatwel.

Pardon, pardon, à moi d'abord...

Kate, offensée

Mais, mes compagnes m'ont déléguée pour prendre la
parole en leur nom.

Mistress Flatwel, avec dignité

C'est possible... Seulement, moi, je suis la femme du chef de
gare.

Kate, pincée

Madame, vous avez surtout le bénéfice de l'âge, et c'est pour

———

cela que je m'incline.

Lord Archibald.

Vous êtes d'accord ?... Mistress Flatwel, vous avez donc la parole.

Mistress Flatwel, elle tire un papier de sa poche, tousse et lit.

Le grand mouvement d'émancipation féminine dont les suffragettes de Londres, donnèrent le signal, était trop logique, trop justifié, trop attendu, pour ne point gagner rapidement tous les pays de langue anglaise et les colonies de l'Empire...

Les femmes

Vivent les suffragettes...

Mistress Flatwel

Ici, à Ceylan, nous, femmes anglaises exilées loin de la mère patrie, nous avons fondé une section de suffragettes présidée par Miss Maud Archibald, la propre fille de notre gouverneur résident. Or, à l'exemple de nos sœurs de Londres, nous voulons être traitées sur le même pied que les hommes...

Liane

A bas, les hommes... Oh! pardon Monsieur le Résident...

Lord Archibald, condescent

Eh bien, Mesdames, je vous promets d'examiner avec bienveillance ce que nous pourrons faire pour vous... Permettez que je me consulte avec ces messieurs de l'Administration... (lorgnant Kate) Elle est délicieuse cette petite!... Allons, allons!...

(Il va au bar avec Flatwel et Kennedy.)

Kate

Ces messieurs de l'Administration!... le Chef de gare et le maître de poste!... Ah! ces hommes!...

(Les suffragettes discutent par groupes et remontant pour dégager le 1er plan gauche où causent les trois hommes.)

Scène 2e

Lord Archibald, Flatwel, Kennedy, sont tous les trois assis au bar

Flatwel

Ah! comme vous avez tort, mon cher Archibald, de vous occuper de toutes ces histoires de suffragettes. Nous serions si tranquilles à Kandy sans cela!

Lord Archibald

Comment voulez-vous que je ne m'occupe pas des suffragettes
de Kandy, puisque ma fille est leur présidente ?

Flatwel

Elle a même voulu faire ses études à l'Université de Colombo, où, hier, elle a obtenu son diplôme de docteur en droit,
de sorte que ce sera la première femme-avocat que nous
aurons dans l'île.

Lord Archibald

Oui, nous l'attendons par le train de 8 heures 17.. au fait !..
il est déjà midi moins le quart, à quelle heure arrive-t-il
votre train de 8 heures 17...?

Flatwel

Oh ! si c'est sur moi que vous comptez pour obtenir des ren-
seignements... je n'ai jamais rien compris à toutes ces
heures de train.

Kennedy

Alors, pourquoi êtes-vous chef de gare ? Comment, il ne passe ici
qu'un train par jour et vous ne pouvez même pas nous dire
quand ?

Flatwel, comme un homme qui ne veut pas être embêté

Chut !... Il passe quand il veut, voilà tout.

Kennedy

Nos suffragettes n'ont-elles pas été jusqu'à faire venir de
Londres pour qu'elle donne ici des meetings en plein air et
fasse de l'agitation dans les rues, Miss Edith Smithson, vice-
Présidente des suffragettes de la City, qui doit arriver aujour-
d'hui puisque son premier meeting a lieu ce soir.

Lord Archibald

Allons, mes bons amis, j'ai trouvé un remède à tout cela !
Avez-vous remarqué que ce sont spécialement les jeunes
filles qui s'occupent de ces histoires de revendications féminines ?

Kennedy

Oui... les femmes mariées de la colonie restent plutôt dans
leur ménage... à part toutefois l'aimable madame Flatwel.

Flatwel

Ma femme ... Est-ce qu'on ne pourrait pas l'emprisonner où
l'exiler, celle-là ?

Lord Archibald.

Il n'y aurait donc qu'à pousser nos jeunes filles au mariage, malgré le mépris ; qu'elles affichent pour le sexe fort, toutes ces demoiselles ont un flirt ou deux parmi les jeunes gens de la Colonie.

Flatwel.

Malheureusement tout se borne à des promenades au clair de lune et à des baisers innocents...

Lord Archinard, insistant.

Il n'y a qu,' à les pousser un peu... puis à les surprendre au bon moment...

Flatwel avec une grande dignité.

Vous conviendrez, mon ami, que ce n'est ni à moi, qui suis chef de gare, ni à Kennedy qui est maître de poste, de se charger de ce soin... D'ailleurs nous sommes des gens propres, nous'!... Occupez-vous en puisque vous êtes l'agent du Gouvernement.

Lord Archibald.

Ainsi fais-je, mes bons amis, ainsi fais-je... je m'en occupe et ce roulement de tambour va vous en fournir la preuve.

Scène 3ᵉ

Les Mêmes, Le Crieur, La Foule.

(La foule arrive de différents côtés, entoure le crieur.)

Le Crieur

Lord Archibald, gouverneur de Kandy a pris l'arrêté suivant : Article unique : Lorsque deux célibataires de sexe différent seront surpris à échanger un baiser dans un lieu public ou privé, procès-verbal sera dressé et les délinquants seront obligés de se marier dans un délai de six semaines, faute de quoi, ils se verront expulsés de la colonie et contraints de rentrer en Europe sans qu'il leur soit dû aucune indemnité.

Kandy le 23 Mai 1913
Le Gouverneur
Lord Archinard.

-8-

Kate

Que veut dire au juste ceci?

Jim

Que nous ne pourrons plus ainsi
Nous embrasser comme naguère.

Les jeunes filles avec une fausse tranquillité.

Cet édit ne nous touche guère
Nous vit-on jamais sans témoins
Nous embrasser dans les coins?...

Les jeunes femmes, leur faisant honte.

Oh! les petites menteuses
N'êtes-vous pas honteuses
De nier la vérité... (bis)

Jim, aux jeunes hommes

Il faudra que nous prenions garde
Que personne ne nous regarde
Ah! le fâcheux arrête

Les jeunes hommes

Se marier n'est pas une chose futile
Il y faut longtemps réfléchir.

Jeunes hommes et jeunes filles

Quelle est donc cette plaisanterie
Pour un baiser.

Un seul baiser

Faudra-t-il courir à la Mairie
Et puis se presser de s'épouser?

Jeunes filles et Kate

Un baiser se prend, se donne
N'importe à quel moment
Sans que cela regarde personne
C'est évident, ah!

Ensemble.

C'est admirable
Qu'il aille au diable
Ce vénérable
Lord Résident!
Quand il se mêle
De fair' du zèle
Il se révèle

Bien embêtant
Un seul baiser
Un seul baiser !

Lord Archimard, tirant un journal de
sa poche.
Voilà mon premier moyen ; maintenant que pen-
sez-vous de cette annonce que j'ai découverte il y a
trois mois dans un numéro du Times :.. "Gentilhomme
français décavé, mais sachant bien dépenser l'argent, demande association avec personne sachant bien le gagner."
Flatwel
Quoi ?
(Les trois hommes sont maintenant debout. Les suffragettes et les jeunes
gens à droite et au fond, commentent l'édit que le Crieur vient de lire.)
Lord Archibald.
Savez-vous qui est ce gentilhomme décavé ??? le propre duc
de Florigny dont les excentricités ont amusé Paris pendant
cinq ans. Je suis entré en correspondance avec lui, nous
sommes tombés d'accord ; bref, il est actuellement en route
pour Kandy où il vient organiser des bals et des cotil-
lons aux gages de cent livres par mois.
Flatwel
Ce gentilhomme est tombé bien bas...
Lord Archimard.
Le Duc de Florigny aura en outre l'avantage de nous
apporter les dernières modes parisiennes et de relever
un peu l'élégance de cette colonie.
Flatwel, tirant de sa poche un affreux
mouchoir à carreaux et se mouchant.
Ça, c'est utile, car les traditions se perdent !
Kate, à Lord Archibald.
Oh ! monsieur le Gouverneur !.. Notre bon petit gouver-
neur que nous aimons tant !...
Archibald.
Mon Dieu ! qu'elle est gentille !
Kate
Que nous aimons comme un père !...
(a)

Archibald

Ah ! non !... je n'aime pas ça !... Vous ne pourriez pas m'aimer autrement que comme un père dites donc !...

Kate, à part

Tiens ! tiens ! tiens !... (à Archibald.) Qui sait !... En tous cas vous ne pouvez pas maintenir votre arrêté ; il est stupide, votre arrêté.

Archibald.

Stupide !... un arrêté gouvernemental !... Il est vrai que ce ne serait pas le premier.

Kate.

On ne peut pourtant pas être obligé d'épouser quelqu'un pour un simple baiser qu'on lui aura donné... Un baiser, ça n'a pas beaucoup d'importance, voyons !.. Vous le savez mieux que personne, car on dit que vous avez mené joyeuse vie dans votre temps à Londres.

Lord Archibald, content, mais gêné

Chut... Il ne faut pas parler de cela, Mesdemoiselles. Le fait est que je fus le Brummel de mon époque et la coqueluche de Régent street et de Picadilly...

Couplets

I.

Oui, ma foi dans le temps jadis
J'eus autant d'amours qu'Adonis ;
J'en menais à la fois, deux, trois, quatre, cinq, dix
Dans tous les châteaux d'Angleterre
De la grande dame au trottin
A midi, le soir, le matin,
Amour blond, amour brun, amour roux ou chatain,
J'ai tout connu, pourquoi le taire ?
J'ai tout expérimenté
De l'amour décolleté
A l'amour paré de dentelles ;
Amour blond, amour brun, amour roux ou chatain,
Amours menteurs, amours fidèles....

Refrain

Chœur.

Des femmes il vous en faut
Elles n'ont aucun défaut

Discrètes comme leur mère Ève
Les femm's, c'est l'idéal
Ell's font tout bien, rien mal
C'est l'idéal, oui, c'est le rêve.
Sans ell's l'homm' s'embêt'rait
Et le mond' finirait...
Pourvu qu'ell's ne s'mettent pas en grève !
Que deviendriez-vous ?
Vous tous amants, époux
Si vous étiez privés de nous ?....

<u>Archibald</u>.

Si j'osais je vous en dirais
Sur l'amour et sur ses attraits
Mais vous répéteriez tous ces jolis secrets ;
Un gouverneur doit être austère,
Sur l'amour des esprits chagrins,
Ont écrit qu'il fait mal aux reins,
Plaignons en souriant tous ces pauvres serins
Mûrs pour la douche ou le cautère
N'écoutez pas ces blagueurs
Et laissez parler vos cœurs,
L'amour est fait pour qu'on s'en serve.
Plaignons en souriant tous ces pauvres serins
L'amour n'use pas... il conserve !

<u>Refrain</u>
<u>Chœur</u>
<u>Des femmes</u>
<u>etc. etc...</u>

.....

(Surtout ce que chante le résident, danse où les femmes évoluent coquettement autour de Lord Archibald, sortie sur le dernier refrain en chœur.)

Scène 4e

<u>Lord Archibald, Flatwel, Kennedy,</u>
<u>Destange.</u>

Flatwel

Voulez-vous me permettre, mon cher Lord Archibald, de vous faire observer que vous manquez

absolument de tenue avec toutes ces petites filles. N'est-
ce pas votre avis, Kennedy ?

Kennedy

Oh ! tout à fait.

Flatwel

Un peu de tenue que diable ! Voyez. moi tenez !... Suis-
je assez digne ?... Non ! mais suis-je assez digne ?

Archibald.

Oui !... vous êtes digne d'être chef de gare !.. Au fond
vous avez raison tous les deux !... Je me laisse trop
souvent entraîner par mon tempérament volcanique...
Pourquoi mon noble père et ma gracieuse mère m'ont-
ils donné ce tempérament volcanique... Ah ! c'est
un héritage qui m'a déjà coûté cher, allez !

Destange, <u>il entre de gauche</u>.

Monsieur le Résident, je vous prie d'agréer mes hommages.

Lord Archibald.

Je les agrée, capitaine, je les agrée. Messieurs, je
vous présente le capitaine Destange, de l'armée
Française, qui s'est attardé à Ceylan au retour du
Tonkin... Messieurs Kennedy et Flatwel.

Destange

Oui, votre île enchantée m'a séduit et c'est avec
regret que j'en repartirai pour l'Europe.

Kennedy, <u>après mûre réflexion</u>

Monsieur Destanges, dites-vous ?... Mais attendez
donc, j'ai justement une lettre pour vous !...
<u>(Il la lui donne)</u>

Destange, <u>surpris</u>

Pour moi .. par quel hasard ?...

Kennedy

Il n'y a aucun hasard, je suis le maître de
poste.

Destange.

Me permettez-vous, Messieurs ?.. Des nouvelles de
France, j'ai hâte de les connaître. (<u>Il ouvre et
parcourt la lettre</u>) Ah ! Messieurs, je vous annonce
une visite d'importance ; mon ami le duc de
Florigny m'écrit qu'il arrive aujourd'hui par le

train de 8 heures 17... mais alors je l'ai manqué !...

Flatwel, l'appelant

Pas d'émotion, Capitaine, le train n'est pas arrivé.

Destange

En êtes-vous sûr !.. Il est midi et demi...

Flatwel.

Si j'en suis sûr ! C'est moi le chef de gare...

Destange

Mais alors ce train a eu un accident ?...

Archibald.

Je croirais qu'il a eu un accident s'il était arrivé à l'heure.

Destange

Quand pensez vous alors qu'il entrera en gare ?

Flatwel, fataliste

Cela, monsieur, Dieu seul le sait !

Lord Archibald.

Vous nous disiez que le duc de Florigny est un de vos amis. On le prétend fort distingué.

Destange

C'est à dire que le Duc est la distinction même, il donne le ton à la mode et tout Paris n'a d'yeux que pour lui.

Lord Archibald, à Flatwel et Kennedy

C'est décidément bien l'homme qu'il nous fallait. (à Destange) Et savez-vous dans quelles intentions le Duc vient à Kandy ?

Destange.

Je suppose qu'il a besoin d'un peu de repos dans un pays de choix, cette vie de fête et de bals continuels doit lasser les plus robustes.

Lord Archibald.

En effet !... (On entend le train) Flatwel, il me semble que votre train arrive...

Flatwel

Capitaine, si vous désirez pénétrer sur le quai pour cueillir votre ami à la descente du wagon...

Kennedy

A propos, Capitaine, il me semble que j'ai un câble-

gramme au nom du duc de Florigny... le voici...
(Il lui remet une dépêche.) Puisque vous verrez le duc
avant moi... (très sérieusement) On ne saurait gagner assez de temps avec ces dépêches.

Flatwel.

Allons remplir notre office. Quel sale métier! Et
dire que c'est toujours la même chose!...
(La foule commence à arriver devant la gare.)

Kennedy, à lord Archibald.

Ça me fait penser que j'ai pour vous aussi un tas
de télégrammes d'État avec la mention: urgent.

Lord Archibald.

Eh bien! donnez!

Kennedy

Oui, mais ils sont chez moi. Tenez, voici le cortège
organisé par les suffragettes pour venir chercher
votre fille à la gare. Si ça ne fait pas pitié!...

Scène 5ᵉ

Les Mêmes, La Foule, puis Maud,
Raymond, Destange.
(La foule impatiente se presse aux abords de la gare et,
dès que Maud paraît, pousse des acclamations.)

Le Chœur des suffragettes

Glorifions la suffragette
Et conspuons l'homme jaloux
Son joug humiliant, il faut qu'on le rejette
A bas les hommes... vive nous...
Zut! pour leurs menaces... leurs plaintes
Les hommes sont des animaux
Par qui nous viennent tous nos maux
N'ayons plus de lui nulle crainte
Et conspuons l'homme jaloux.
(parlé)
Une, deux, trois. A bas les hommes! Vive nous...

Maud, se jetant au cou de
son père.
Ah! mon père j'ai réussi
a passer la suprême épreuve

Aujourd'hui je reviens ici
Le cerveau plein d'une science toute neuve
Sur le bout du doigt
Je connais la loi,
Les codes, la jurisprudence.
Les jeunes filles de jadis
Savaient calculer jusqu'à dix
Et n'ignoraient rien de la danse
Moi, bien au contraire, je veux
Étonner mes petits neveux...
Ils liront mon nom dans l'histoire
Et diront de moi: elle fut la gloire
Du prétoire
J'ai potassé le droit romain
Et compulsé tous les Pandectes;
Je sais dans un contrat qui paraît anodin
Découvrir des clauses suspectes.
Aujourd'hui, j'ai le cerveau plein
D'une science toute neuve
Car je viens de passer enfin
La dernière et suprême épreuve!...

Le Chœur

Aujourd'hui le cerveau tout plein
D'une science toute neuve
Elle vient de passer enfin
La dernière et suprême épreuve
Hourrah!!!

—

Lord Archinard.

Ah! je suis content de te revoir, ma chère enfant!

Mistress Flatwel

Miss Maud, vous avez sans doute voyagé avec Miss Edith Smithson...

(Entrée de Raymond et de Destange.)

Maud.

Je ne pense pas, car aucune des voyageuses ne res-
semblait au portrait de Miss Edith que les jour-
naux ont publié. (Désappointement des jeunes filles)
Il y avait seulement avec moi dans le train un

jeune français qui m'a paru fort bien élevé. Et maintenant, suffragettes mes sœurs, je vous remercie de votre accueil chaleureux ! Comptez sur moi et soyez certaines que je saurai porter haut et ferme dans cette île de Kandy, le drapeau des revendications féminines !

Scène 6.

Les Mêmes, puis Raymond.

Destange

Viens Raymond, je vais te présenter tout de suite au gouverneur.

Raymond, l'arrêtant

Dis-moi, quelle est donc cette jeune fille à qui l'on vient de faire une si bruyante réception ? J'ai voyagé depuis Colombo dans le même compartiment qu'elle... Ces femmes anglaises ont décidément un charme spécial... Te rappelles-tu cette danseuse des Folies-Bergère dont je fus amoureux plus de six mois. Elle était anglaise aussi.

Destange.

Oui... Miss Ribouldingue...

Raymond.

Précisément... Eh bien ! depuis elle, c'est la première fois que je rencontre une femme qui me... qui m'émotionne à ce point.

Destange, souriant.

Calme-toi... c'est la propre fille du Gouverneur.

Raymond, sans réfléchir

Oh ! présente-moi vite alors !

(Ils s'approchent.)

Lord Archibald.

Tu étais dans le même train que le duc de Florigny : sois-en fière, Maud, le roi de la mode, le plus élégant des Parisiens.

(Raymond boit du lait.)

Maud, cherchant.

Le duc de Florigny !... Ah ! oui, ce jeune homme que vous avez engagé pour organiser des fêtes et conduire des cotillons... Ma foi, si j'ai voyagé dans le même train que lui, je n'ai nul motif d'en tirer orgueil... Un duc qui loue son titre et ses talents mondains à raison de cent livres par mois... C'est bien cent livres, n'est-ce pas ? Cela ne m'inspire d'autre sentiment qu'un peu de mépris. Vous le payez à peine plus cher que notre chef...

Raymond, à Destange, dans un sourire jaune

J'aurais dû demander davantage!

Maud, couchante

Non!... on ne fait pas cela quand on est vraiment un gentleman
(Les deux hommes restent un instant interloqués.)

Raymond

Oh! elle est dure!

Destange, gêné

Oui... Je crois qu'il vaut mieux attendre un peu pour te présenter à Lord Archibald. (Ils passent à droite)

Lord Archibald, à Maud

En tous les cas, dissimule tes sentiments au duc lorsqu'il arrivera.

Mme Flatwel

Pour fêter le succès de notre chère présidente, nous avons arrangé une petite réception au local du syndicat. (à Archibald.) Nous ferez vous l'honneur, Monsieur le Résident, d'y assister avec ces messieurs?

Flatwel

Est-ce qu'il y aura quelque chose à boire?

Mme Flatwel

Oui, Monsieur, du thé... avec de la fleur d'oranger.

Flatwel

Ça vous convient parfaitement à vous, mais pas à moi.
(Il entre au bar.)

(Sortie générale sur la reprise du chœur. Restent en scène Raymond et Destange.)

Scène 7^e

Destange, Raymond.

Destange, le Times à la main.

Qu'est-ce que c'est que cette histoire-là?... Ce gentilhomme français décavé.

Raymond.

Ce gentilhomme français, c'est moi.

Destange

Oh! Raymond!

Raymond

Eh bien, quoi?... Mon père m'avait coupé les vivres, je ne pouvais pourtant pas coucher sous les ponts...

Destange

Il y a des moyens de trouver de l'argent sans...

Raymond.

Des dettes... Escompter la mort de mon père... Pouah! Me retirer dans mon château de Bretagne et y faire des économies en contemplant la mer?... Pas assez vieux... ou pas assez jeune... Me marier? Vendre mon nom et ma personne! Non, jamais, j'ai mieux aimer les louer en me proposant comme professeur de chic et d'élégance. A la suite de cette annonce dans le Times, j'ai eu la chance d'intéresser à moi un vrai gentleman désireux d'introduire un peu... d'élégance, de jeunesse et de gaieté dans sa maison et trop âgé pour s'en occuper lui-même. Nous correspondons, nous nous convenons, il m'engage, je voyage quatre heures durant avec la plus exquise créature qu'il soit, j'en tombe amoureux...

Destange

Sans la connaître...

Raymond.

Ca ne fait rien... On n'est vraiment amoureux des femmes que lorsqu'on ne les connaît pas encore... J'arrive ici et au moment où tu vas me présenter à Lord Archibald, je reçois ce coup de poing dans l'estomac, cette tuile sur la tête ; l'opinion de sa fille à l'estime de qui je tiens plus qu'à tout au monde. sur le duc de Florigny... Avoue qu'il y a de quoi reprendre le train...

Scène 8e

Les Mêmes. Flatwel.

Destange.

Tiens, voilà justement le chef de gare.

Raymond, <u>à Flatwel qui se dirige vers la gare revenant du bar.</u>

C'est vous le Chef de gare ?

Flatwel, <u>dignement.</u>

J'ai cet honneur.

Raymond, <u>surpris.</u>

Cet honneur... Eh bien, donnez-moi donc un billet. Tenez. <u>(Il fouille dans sa poche.)</u>

Flatwel, <u>un peu choqué.</u>

Un billet... pour quelle station?

Raymond, *abruti*.

Je ne sais pas... Qu'est-ce que vous avez comme rations ?...

Katwel, *tout à fait effaré*

Comment ! ce que j'ai comme stations... quand vous serez vous-même fixé sur l'endroit où vous voulez aller, vous n'aurez qu'à passer au guichet. (*Il sort vers la gare en marmottant.*)

Raymond.

Tu vois, je ne peux pas même m'en aller.

Scène 9e

Destange, Raymond, Flup.

(*Au moment où le chef de gare sort, Flup entre et le bouscule. Il porte une malle sur son dos et deux valises passées à ses poignées. Il est habillé comme les commissionnaires aux gares de Paris et ses souliers bâillent. Sa toilette est des plus négligées et il a l'air un peu ahuri d'avoir voyagé si longtemps. Il arrive à gauche des deux hommes, pose ses valises puis sa malle sur laquelle il s'assied d'un air satisfait et laisse finir Raymond et Destange avant de manifester sa présence.*)

Destange.

Mais où avais-je la tête ?... Voilà un câblogramme pour toi.

Raymond, *lisant*.

Ah ! soutiens-moi... C'est de mon père. Le vieillard a des remords. Il me restitue ma pension mensuelle de dix mille francs à condition que je fasse le tour du monde. L'air de Paris ne me vaut rien. Ah ! brave papa, va !... Il ne méritait pas un galopin de fils tel que moi.

Flup

Alors... où faut-il porter les bagages de Monsieur ?

Raymond, *stupéfait*

Comment, vous voilà encore, vous ?

Flup, *souriant*

Oui, monsieur.

Raymond.

Ah ça ! qui est-ce qui vous a payé pour me suivre ?

Flup.

Vous, Monsieur.

Raymond

Raymond.

Moi !... mais vous rêvez, mon garçon !... (à Destange)
Figure-toi que j'ai vu pour la première fois ce commissionnaire à la gare de Lyon, à Paris. Il a porté mes valises
dans le compartiment... je l'ai retrouvé sur le quai de la
gare à Marseille. Il a porté mes valises à bord du bateau...
Je l'ai retrouvé sur le quai à Colombo. Il a porté mes valises
dans le train pour Kandy... Je le retrouve ici... Tu trouves
ça naturel, toi ?...

Destange

Pas du tout.

Flup, _comme_

Moi non plus.

Raymond, _croyant comprendre_

C'est mon père qui vous donne de l'argent pour me suivre ?

Flup.

Votre père ?... Oh! non, Monsieur _. Je ne connais pas le mien,
comment voulez-vous que je connaisse le vôtre ?

Raymond.

Comment vous appelez-vous ?

Flup.

Flup.

Raymond

Comment, Flup...?

Flup.

Flup... comme ça: Flup!

Raymond.

Flup !... mais c'est un nom de chien, ça !

Flup.

Oui ... chez les gens chics ...Chez les purées c'est un nom
d'homme.

Raymond.

Enfin, qu'est-ce que vous me voulez... Ce n'est tout de même
par par affection personnelle que vous me suivez ainsi depuis Paris. Vous ne me ferez pas croire ça ?

Flup, _gentiment_

A moi non plus.

Raymond.

Alors, expliquez-vous ... et vite... je ne suis pas patient.

Flup.

Ce n'est pas comme moi, j'ai une patience d'ange, vous
allez voir. Le jour où vous m'avez appelé sur le quai de la gare
de Lyon pour porter vos valises dans le train, j'étais complètement
à sec; rien dans les mains, rien dans les poches. Vous me
donnez dix francs de pourboire. Moi, je me dis: c'est Rockfeller...
Le train part... je reste dans le train... c'était le côte d'Azur
rapide... à Lyon je ne descends pas... pas si bête, il pleut tout le
temps à Lyon.... Mais je descends à Marseille et je prends vos
bagages que je porte au bateau. Vous me regardez d'un air
étonné et cette fois vous me donnez un louis de pourboire... Je
me dis: ça y est... hier dix francs, aujourd'hui vingt francs, c'est une martingale
suivons-là et ne lâchons pas ta couleur. Sur le bateau, je m'é-
vanouis dans la cale aux bagages et je ressuscite le lendemain.
Je menace de me plaindre à la Compagnie parce qu'on m'a
emmené malgré moi. On me calme, on me donne à manger,
à boire, on me couche.. Je m'endors et je me réveille dans le
canal de Suez, tout de suite après l'escale de Port-Saïd... Je
gueule... on me fait taire à force de nourriture... on me donne
à boire, on me fait coucher... je m'endors et je me réveille dans
la Mer Rouge... J'en étais bleu... Ah! quel voyage!... Nous arri-
vons à Colombo... Je saute sur vos bagages... Vous me regardez
effaré... et vous me collez quarante francs dans la main... Ça
continuait, mon calcul était juste... Je m'accroche en singe
sous un wagon... vous descendez ici... moi aussi... je prends
vos bagages... les voilà... vous me devez quatre-vingt francs.
(Il tend la main.)

Raymond.

Mon ami, voici vos quatre-vingt francs... Seulement la martingale s'arrête ici, car je reste à Kandy.

Flup

Allons bon!... Encore un système qui saute... Mais qu'est-ce
que je vais devenir maintenant que vous m'avez amené dans
ce pays... Vous ne pouvez pourtant pas me lâcher?.

Raymond.

Je vous ai amené ici, moi?

Flup.

Dame!.. Si vous ne m'aviez pas donné dix francs... sur le quai
de la Gare de Lyon, est-ce que j'aurais eu l'idée de vous suivre, moi?

Pourquoi ça ?... Je ne vous connais pas après tout !

Raymond.

Mais moi non plus je ne vous connais pas ! Est-ce que je sais seulement si vous êtes un honnête homme ?... si vous n'avez jamais été condamné ?...

Hup, <u>le regardant sous le nez</u>

Dites donc, vous, eh ! Rockfeller !... Apprenez ceci : Hup, enfant trouvé, pauvre, mais honnête, comme dans les drames... Voilà mon livret militaire. (<u>Il fouille dans sa poche et en tire un livret militaire.</u>)

Raymond, <u>le parcourant</u>

Mon Dieu, qu'il est sale !

Hup.

Il est comme son propriétaire... J'ai oublié ma salle de bains à Paris.

Destange

Tiens !... mais je vois sur votre livret que vous avez la médaille mi-litaire... et celle de Madagascar... C'est bien cela mon ami.

Hup, <u>un peu gêné</u>

Oui, monsieur... Seulement je ne les porte pas, parce que sur une blouse de commissionnaire... et qui n'est plus bien neuve, ce ne serait pas très digne, n'est-ce pas ?

Raymond, <u>prenant à son tour le livret.</u>

Allons vous êtes un brave garçon... Oh ! une idée... Voulez-vous gagner cent livres par mois ?..

Hup.

Cent livres ?.. Est-ce que vous vous imaginez que j'ai consenti à vous suivre jusqu'ici, dans l'espoir de me monter une bibliothèque ?.

Raymond.

Mais non, vous ne me comprenez pas... Voulez vous gagner 2500 francs par mois ? Cent livres, ça fait 2500 francs.

Hup

Combien ?

Raymond

2500 francs par mois.

Hup.

J'aurais mieux aimé continuer notre martingale.

Raymond.

Non, mon ami, il ne faut plus penser à cela... 2500 francs par mois... ou rien du tout... c'est à prendre ou à laisser.

Flip.

Alors, je prends... Il faut faire quoi ?

Raymond, mettant le tiroir de Flip dans sa poche

On vous expliquera tout à l'heure.

Flip.

Dites donc... rendez-moi mes papiers si-ou-plaît ?

Raymond, lui donnant son porte-feuille

Non, prenez ceux-ci, vous êtes désormais le Duc Raymond de Florigny.

Flip.

Moi ?

Raymond.

Oui, vous... Et moi, je suis Flip, antonin Flip. Nous échangeons nos personnalités, voilà tout... Vous devenez duc et moi je deviens enfant trouvé.

Flip, avec commisération

Ah ! pauvre type !

Destange

Quelle folie veux-tu faire encore là ?

Raymond.

Je veux conquérir Miss Maud : je n'y parviendrai jamais si elle sait que je suis le duc de Florigny. Nous connaissons trop ses sentiments pour lui. Flip se présentera sous mon nom à Lord Archibald et à sa fille.

Scène 10.

Les Mêmes, Flatwel, arrivant avec deux porteurs indiens.

Flatwel, à Flip qui s'apprête à reprendre les bagages.

Ah ! c'est vous qui faites aux commissionnaires de la gare une concurrence déloyale ? Voulez-vous laisser ces colis !... Vous n'avez pas le droit de toucher aux bagages des voyageurs... Et fichez-moi le camp et plus vite que ça... allez, ouste ! (Il le toise)

Flip, sous le nez.

Vous, quand vous saurez qui je suis vous me demanderez pardon à genoux de ce que vous venez de faire-là !

Flatwel.

Voulez-vous me laisser tranquille. (à Raymond) Monsieur, où voulez-vous que l'on porte vos bagages ?

Destange

a Florida-House. (Les porteurs enlèvent les colis pendant que
Flup, indiqué, fait les cent pas les deux mains dans ses poches.)
Flatwel, bas à Destange

Dites Capittaine... Ce Monsieur est sans doute le Duc
de Florigny que nous attendons.- Présentez moi donc,
je vous prie.

Destange

Mais pas du tout... Monsieur est un autre de mes amis, Monsieur Antonin Flup !

Flup.

Siouplait ?

Destange, continuant la présentation.

Monsieur Flatwel, chef de gare.

Flatwel, déçu

Enchanté d'avoir fait votre connaissance... Permettez-moi
de retourner à mes importantes fonctions.. Le train doit re-
partir. (Il retourne à la gare.)

Raymond.

Et maintenant mon ami Flup, la première chose à faire est
d'aller à l'hôtel.. Tu prendras dans ma malle, voici la clef, un
costume pour te présenter décemment chez le premier tailleur
de la ville où tu te commanderas à mes frais une garde-robe.
Et nous te mettrons ensuite au courant de ce que nous attendons de toi.

Flup.

C'est compris, Monsieur... vous verrez que vous serez satisfait
de mes services.

- Trio -

—

J'apprendrais vite à me tenir dans un salon
Raymond.
Ce n'est pas long !
Destange
Ce n'est pas long,
Raymond
Nous vous enseignerons les rites de la mode.

.25.

Hup

Est-ce commode ?

Destange

Oui, très commode.

Raymond.

Il faut en premier lieu changer à tout moment
De vêtement !

Hup.

Tout simplement !

Destange

Et se mettre ceci dans l'œil... c'est un monocle.

Hup, ahuri.

Comment, mon oncle ?

Raymond.

Mais non !... monocle !

Destange & Raymond.

Et vous aurez ainsi
L'aspect très réussi
D'un prince ou d'un vicomte

Hup.

Ne craignez rien
Tout ira bien,
Ça fait la ru' Michel-Lecomte !

2e Couplet

Raymond.

De la maitresse de maison vous approchant
Il est urgent

Destange

Il est urgent.

Raymond

Que vous la saluiez avec beaucoup d'aisance.

Hup

Y a plus d'essence !

Destange

Mais non d'aisance.

Raymond.

Lui disant : Beau mois d'août, mais les soirs ont fraîchi
Depuis Vichy !

G

<u>Flup</u>
Non! quel chichi!
<u>Destange</u>
Votre soirée, hier, était exquise!
<u>Flup, qui a compris.</u>
Adieu, Marquise,
Je m'la brise...
<u>Destange et Raymond.</u>
Et vous aurez ainsi
L'aspect très réussi
D'un prince ou d'un vicomte.
<u>Flup et Ensemble</u>
Ne craignez rien,
Tout ira bien
Ça fait la ru' Michel-Lecomte!...
<u>Flup.</u>
Flup, Flup, Flup, Flup. Flup.
Il faut que j'm'occup'
A prendre les manières du monde
Pour que de moi l'on dise à la ronde:
<u>Raymond, Flup et Destange.</u>
C'est lui, le voilà
Dieu quel chic il a
C'est au moins l'fils d'un' dugrèche
qui ne doit pas être dans la dèche
Car ce type' rupin
Rien qu'à voir son élégance
Est certainement né, je pense,
Boulévard St Germain
<u>Danse.</u>
<u>Raymond.</u>
Au revoir, Monsieur le Duc
<u>Flup</u>
Au revoir, mon cher Flup
(Il sort)

Scène 11e
<u>Raymond, Destange.</u>

Destanges

Ne crains-tu pas que cette fantaisie ne tourne mal. Lord
archibald, tu le sais, est un gentleman de la vieille école…
Il ne se laissera pas abuser…

Raymond.

Bah!… Il croira que notre Flup est un gentilhomme de la
nouvelle école et que c'est l'école seulement qui a changé. Et
puis tu me connais et tu sais que lorsque j'ai quelque chose
en tête… Je veux faire la conquête de Miss Maud et comme cela
est impossible en lui disant mon nom d'abord, Eh bien, je renverse
l'ordre habituel des choses, voilà tout! Je l'aime… et je lui fais la
cour sous le nom de Flup, ça rend…

Destange

Oh! oh!

Raymond

Mais oui… elle m'aimera… et je lui dirai après qui je suis.

Destange

La voici qui vient de ce côté avec son père.

Raymond

Alors, présente-moi vite.

Destange, hésitant

Je t'assure, mon vieux, que je ne suis pas tranquille et
que cette histoire ne me dit rien de bon.

Raymond.

C'est bien, je me présenterai moi-même…

Scène 12e

**Lord Archibald, Raymond, Maud,
Destange, Kennedy, Kross et Blackwell.**

Lord Archibald, à Destange

Eh bien! Capitaine, Le duc ne serait-il pas arrivé.
(Vers Raymond.) à moins que Monsieur… (Mouvement de Maud.)

Raymond, avec aisance.

Ma foi, monsieur le Gouverneur, je n'ai point cet honneur…
(se présentant) Je suis simplement Monsieur Antonin Flup, ingénieur

Lord archibald.

Soyez le bienvenu dans notre colonie, Monsieur. (présentant) ma
fille: Miss Maud ; Mr Kennedy, maître de poste ; MM Kross et
Blackwell de Piccadilly, attachés à la résidence. (Raymond salue.)

Raymond

Quel merveilleux trajet que celui de Colombo à Kandy. J'ai eu l'honneur de l'accomplir dans le même train... et dans le même compartiment que Miss Maud.

Maud, aimable

En effet, monsieur.

Raymond,

Ce fut un véritable enchantement que je n'oublierai de ma vie, ce voyage.

Lord Archibald

Et vous venez à Kandy dans l'intention de vous y établir? Tant mieux! La colonie manque justement de bons avocats; vous y réussirez certainement.

Maud.

Mais, père, M. Flup n'est pas avocat.

Raymond

Non, non, permettez, ingénieur.

Lord Archibald.

Ah! j'avais mal compris, excusez-moi. C'est extraordinaire comme je comprends mal depuis quelque temps,

Flatwel

C'est-à-dire que vous ne comprenez plus rien du tout... C'est bien simple.

Archibald

Ça doit être encore une conséquence de mon tempérament volcanique.

Raymond, souriant aimablement à Maud.

Je dirai même que j'ai les avocats en horreur. (un froid.)

Maud

Pas possible!...

Raymond, sentant vaguement la gaffe.

Il n'y en a pas un parmi ces messieurs, au moins?

Maud, figue et raisin

Parmi ces Messieurs, non aucun! (Lord Archibald cause en souriant avec Kennedy. Derange trop loin s'efforce d'attirer l'attention de Raymond.) D'où vient cet horreur pour les avocats?

Raymond

Oh! Miss Maud, des gens qui vous font donner des conseils judiciaires !...

Maud

Je crois qu'en France vous avez des femmes avocats ; elles au moins trouvent grâce auprès de vous ?

Raymond, _tout à fait aimable et gentil_

Tenez, Miss Maud, à l'instant, lorsque j'ai dit du mal des avocats, j'ai eu soudainement l'impression que je gaffais... oui, positivement... et rien pour nous, Français n'est ridicule comme de gaffer.

Maud

Pour nous aussi.

Raymond

Évidemment. Mais vous m'avez obligeamment rassuré en me disant qu'aucun de ces Messieurs n'était avocat... Maintenant, comme il n'y a pas de dames ici...

Maud

À part, moi !

Raymond

Oui, à part vous... Je ne risque donc rien et je peux sans détour dire ma façon de penser. Eh bien, les femmes avocats, c'est le comble des calamités, le fléau des fléaux, la onzième plaie d'Égypte. (_Il s'arrête très satisfait de lui-même pendant que les autres se taisent silencieusement._)

Lord Archibald, _à Kennedy_

Je ne suis pas fâché qu'il lui ait dit cela.

Maud, _peinée et presque froissée_

Oh! vous êtes dur !...

Raymond

Mais non, Miss Maud, je suis au contraire encore trop indulgent... Enfin une femme est faite pour son intérieur, pour aimer son mari. La femme qui n'a pas les vertus et l'amour profond du foyer, du home, ainsi que vous dites, et qui ne chérit pas son rôle adorable de mère... est un être incomplet.

Maud, _excédée_

Monsieur voilà un reproche que l'on ne pourra pas vous faire... car vous venez d'être tout à fait complet.

(_Elle sort._)

Archibald.

Je crois pouvoir vous assurer, cher monsieur, que vous
avez fait une profonde impression sur ma fille.

Raymond, à Archibald.

Merci !... (à Destange.) qu'est-ce qu'elle a ?

Destange.

Elle a... elle a qu'elle vient justement de décrocher
hier son diplôme de docteur en droit, ce qui fait d'elle la
première femme-avocat que nous ayions dans la colonie.

Raymond, affolé.

Tu ne pouvais pas me prévenir, animal ?...

Destange

Mais je t'ai fait signe, impossible de t'arrêter, tu allais,
tu allais... tiens, voilà Flup.

Raymond.

Et nous n'avons pas eu le temps de lui expliquer ce qu'il
doit dire, ça va être charmant.

Scène 13⁏

Les Mêmes, Flup.

(Flup s'est habillé avec un costume de Raymond qui lui
est beaucoup trop étroit. Il entre en faisant des grâces au cours
desquelles il va se jeter sur Lord Archibald, il a conservé ses
souliers de commissionnaire et sa casquette de P.L.M.

Flup, en passant devant Raymond.

Je n'ai pas trouvé de croquenots !... alors, j'ai gardé
les miens. (à Lord Archibald.) Est-ce que Monsieur Lord
Archibald n'est pas ici ?

Lord Archibald, distrait

C'est moi-même, mon ami.

Flup, saluant.

Je suis le Duc de Florigny. (Tout le monde s'empresse.)

Lord Archibald, cordial.

Ah ! mon cher duc, nous vous attendions avec impatience... (Présentant.) M. Kennedy, maître de postes. MM.
Kross et Blackwell, attachés à la résidence. Messieurs,
le maître de l'élégance parisienne, le lanceur de modes,
Le Prince du Cotillon.

T.S.V.P.

Flup, *honnête*

N'exagérons rien, je ne suis pas prince, mais seulement
Duc... Je trouve que c'est déjà beaucoup... quant à ce do-
maine du Crotillon... là, dont vous venez de parler, il ap-
partient à une autre branche de ma famille ; les Crotillon-
Florigny.

(Raymond et Destange qui se sont un peu retirés, souffrent en silence.)

Lord Archibald.

Le duc est un humoriste !

Kennedy, *à Flup.*

Il paraît que vous descendez des croisées ?...

Flup.

Non... non, je descends du chemin de fer.

Kennedy

Non... je veux dire que vos aïeux sont allés aux
Croisades.

Flup.

Naturellement... ils y étaient encore tout récemment.

Lord Archibald.

Ce costume de voyage est d'un goût... Voyez Messieurs,
comme nous sommes en retard sur les modes de Paris,
je vois que l'on dégage beaucoup les chevilles et les
poignets cette année.

Flup.

Jusqu'au coude... Oui, il n'est pas mal ce petit complet.
J'ai fait faire cela sur le boulevard... Vous savez, à
gauche, en montant, avant de tourner le coin.

Lord Archibald.

Ah ! parfaitement... *(à Kuss.)* Prenez note, je vous prie. Mais
décidément, nous ne sommes plus du tout dans le mouvement, Messieurs, contemplez ces bottines....

Flup.

Ça, c'est ma dernière création : le soulier-bateau... C'est
pour les grandes traversées... En cas de naufrage, avec
ça, vous flottez...

Kennedy

Mais ces souliers doivent prendre l'eau.

Flup, *appuyant sa canne sur son soulier qui bâille*

Pas du tout... quand le temps est mauvais, on ferme les écoutilles.

Lord Archibald.

C'est très ingénieux. Et cette casquette... elle est bien originale.

Flup.

Oui... C'est une casquette de bains de mer.

Lord Archibald.

Mais il y a des lettres dessus... (lisant) P.L.M.

Flup.

Eh bien oui!... Pour la mer!

Lord Archibald

Dites-moi, mon cher duc, nous sommes bien d'accord sur le concours que nous attendons de votre grande expérience mondaine?

Raymond, à Destange.

Ah! c'est là que tout va se gâter!...

Flup, avec assurance.

Oui, mon petit, j'ai parfaitement compris... Vous attendez de moi que j'organise ici des fêtes, des bals, des dîners, des parties de campagne; que je mette vos administrés au courant des dernières modes de Paris; que j'introduise en somme dans la colonie un peu d'élégance, de jeunesse, de gaieté bien française... ainsi que vous me l'écriviez dans votre dernière lettre.

Raymond, à Destange.

Sauvés!... L'animal a trouvé dans mon portefeuille toute notre correspondance.

Lord Archibald.

Vous êtes sans doute descendu à l'hôtel, mais je ne souffrirai pas que vous y restiez. Acceptez mon hospitalité et demeurez à la Résidence.

Flup.

La Résidence?... Qu'est-ce que c'est que ça?... Pas une prison au moins?...

Lord Archibald.

Vous plaisantez... C'est le Palais du Gouvernement.

Flup.

Oh! alors, ça colle, j'y porterai ma malle tout à l'heure.

Lord Archibald.

Vous voulez dire que vous la ferez porter! allô! Flatwelsj...

faites donc prendre à Florida House les bagages de
notre ami et qu'on les porte à la Résidence.

Scène 14ᵉ

Les Mêmes, Flatwel.

Flatwel, *apercevant Flup.*

Mais c'est le type que j'ai bousculé tout à l'heure...
aurais-je commis une maladresse ?... (*Il passe à côté de*
Flup.) Mon bon ami, je vous ai un peu rudoyé tout à
l'heure, vous ne m'en voulez pas, n'est-ce pas ?.. Tenez,
acceptez ce petit dedommagement : (*Il lui passe la pièce.*
Flup va la prendre quand Raymond lui arrête le bras.)

Flup, *fouillant dans son portefeuille.*

Le roi de France ne paie pas les dettes du duc d'Orléans.

Flatwel, *ahuri.*

Et alors ?

Flup, *passant sa carte.*

Et alors... le duc de Florigny n'accepte pas les pourboires d'un
chef de gare...

Raymond.

Très bien...

Flup, *haut à Raymond.*

Oui... voilà comme nous sommes dans la famille.. Tu viens,
mon petit ?

Lord Archibald.

Ah !... Vous connaissez Monsieur Flup ?

Flup.

Si je connais Flup. (*à Raymond.*) Il me demande si je connais
Flup ! Jamais vous ne saurez à quel point...

Lord Archibald

Entre nous, vous savez qu'il est un peu gaffeur.

Flup, *avec une grande conviction.*

Ah ! mon vieux, à qui le dites vous ?!..

Lord Archibald.

Et maintenant, mon cher Archibald, nous allons si vous
le voulez faire le tour de notre petite ville.

Flup.

Non... faites ça sans moi... J'ai des courses à faire

< A)

Lord Archibald.

A votre aise, cher ami, le lunch est à deux heures.

Flup

Le linge... Ah! oui!... il faut que je m'en commande aussi.

Lord Archibald, à Flup.

Que prenez-vous le matin ?... Un tub, n'est-ce pas ?

Flup, en sortant

Moi, non, du chocolat.

Kennedy, à Flatwel

Ah! j'ai justement une dépêche pour vous.

Flatwel

Ce n'est rien... une dépêche de service... Je lirai ça tout
à l'heure!

Raymond à Destange

Ah! voici Miss Maud! Va m'attendre à l'hôtel.

Scène 15ᵉ

Raymond, Maud.

Raymond, arrêtant Maud.

Pardon, Mademoiselle... un seul mot, je vous prie.

Maud.

Monsieur...

Raymond.

Oublierez vous jamais ma maladresse.

- Duo -

Maud.

Qu'importe ? Demain vous serez loin
Et vous avez pris soin
Non, sans noblesse
De me faire savoir à quel point
Monsieur, je vous intéresse.

Raymond

O maladresse !.

Maud.

Ne m'avez-vous pas, très galamment,
Exprimé tantôt votre sentiment ?
D'ailleurs je préfère

que l'on soit sincère
Je hais le compliment.
<u>Raymond</u>
Je vous en conjure
Oubliez l'injure
J'ignorais... sortant du train...
J'eusse aimé vous plaire
Et votre colère.
Me cause un réel chagrin
<u>Maud</u>
quoi, c'est ma colère
qui vous désespère
Moi, en colère, mais pourquoi ?...
<u>Raymond</u>
Alors, ma foi,
Pardonnez-moi.
<u>Maud</u>
Vous pardonnez, mais je pense
Que, pour un pardon,
Il faud d'abord une offense
Or, croyez-vous donc
que vous m'avez offensée ?
N'en soyez pas trop certain
Non, je ne fus pas blessée
Et mon cœur n'est pas atteint.
<u>Raymond</u>, parlé
Votre cœur est donc bien cuirassé.
<u>Maud</u>
Contre certaines choses oui.
<u>Raymond</u>, chanté
Vous vous moquez lorsque je suis, moi
Plein de honte et d'émoi
Je vous le jure.
<u>Maud</u>, dédaigneuse
Mais, vraiment il n'y a pas de quoi
Monsieur Hup, je vous assure
<u>Raymond</u>
Quelle aventure !...

Maud.

Si vous n'aimez pas les avocats,
C'est votre droit, je ne vous en veux pas
J'ai peine à l'admettre
D'un ami peut-être
Pas de vous en tous cas.

Raymond.

Je vous ai froissée
Contre ma pensée
Pour moi, c'est un vrai remords;
Mais la gaffe est faite,
Odieuse et bête
Miss Maud et j'eus tous les torts

Ensemble

Maud.	Raymond.
Oui, la gaffe est faite	Oui, la gaffe est faite
Odieuse et bête	Odieuse et bête
Et vous avez tous les torts	Miss Maud et j'eus tous les torts.

Maud.

L'aventure est
Sans intérêt.

Raymond.

Ah ! ne soyez pas fâchée
Car en ce moment
N'êtes-vous pas bien vengée
De voir mon tourment ?

Ensemble.

Maud.	Raymond.
M'avez-vous donc offensée ?	Je n'avais pas la pensée
N'en soyez pas trop certain	De cet affront trop certain
Non, je ne fus pas blessée	Non, ne soyez pas blessée
Et mon cœur n'est pas atteint.	Que mon cœur seul soit atteint.

Maud, lui tendant la main.

Monsieur...

Raymond

Mademoiselle... alors, vous ne m'en voulez pas ?

Maud.

Je vous en veux si peu que si vous vous trouviez un jour

dans la nécessité d'avoir recours aux avocats.. venez sans hésiter me trouver

Raymond, _lui baisant la main, puis la suivant des yeux._

Exquise créature...

Scène 16ᵉ

Raymond, Flatwel, _il entre avec des tickets à la main._

Flatwel,

Eh bien, connaissez-vous maintenant le lieu de votre destination?

Raymond

Oui!.. Kandy. _(Il s'éloigne)_

Flatwel, _remettant ses tickets en poche._

Mais vous y êtes à Kandy!... quel toqué!...

Scène 17ᵉ

Flatwel, Mᵐᵉ Flatwel.

Mᵐᵉ Flatwel.

Comment vous raccolez les voyageurs sur la place publique maintenant? Votre chemin de fer ne fait donc plus ses affaires.

Flatwel.

Vous voudriez bien, n'est-ce pas Madame Flatwel?... Ne serait-ce que pour essayer de me chiper ma place.

Mᵐᵉ Flatwel

Je ne vois pas pourquoi une femme ne pourrait pas être chef de gare aussi bien qu'un homme... Ce n'est pas si difficile de regarder passer les trains... un par jour... _(Soudainement très tendre, et les mains aux épaules de son mari.)_ Ah!... nous aurions pu vivre si heureux ensemble... mais vous ne l'avez pas voulu, Flatwel, tant d'autres, ingrat, voudraient être à votre place!...

Flatwel

Ah! si je les connaissais, comme je m'entendrais avec eux.

Mᵐᵉ Flatwel, _simplement, à part._

Et moi, donc.

Chant.

(Cette romance doit être chantée dans le genre des vieilles chansons anglaises, par exemple:

Un jour, un jour, ô peine profonde...

.38.

Mme Flatwell.

Il fut un temps où tu m'aimais d'amour
Où nous allions cueillir des fleurs dans la prairie
Le rossignol pour nous chantait la fin du jour
Je t'appelais: trésor; tu m'appelais chérie!

(au commencement du couplet et voyant que ça dure
Flatwel est tout simplement remonté dans sa gare, laissant
Mme Flatwel, inconsciente de cette défection continuer sa jolie
romance, mais Plup, habillé de neuf en des vêtements ridicules
et d'ailleurs trop larges traverse la place. Ému d'une si mélo-
dieuse lamentation il vient prendre auprès de Mme Flatwel,
qui ne s'en aperçoit pas, la place exacte que vient d'abandonner
Flatwel.)

Seigneur! Seigneur! rendez-moi mes vingt ans.
Rendez-moi les baisers de mon adolescence
Que n'ont pu refroidir ni le temps ni l'absence...

Plup.

Va, tout ça reviendra peut-être avant longtemps...

Mme Flatwel

Refrain

(Elle prend la main de Plup sans le regarder, car
elle a de plus en plus les yeux au ciel, et s'appuie sur son cœur)

Mon cœur tel qu'autrefois est un oiseau fidèle
Qui reste tout à toi, mon époux, mon amant!
Donne ta main. Sens-tu comme un battement d'aile?
C'est mon cœur qui pour toi bat exclusivement!

(Ils restent un long temps extasiés, puis Madame Flatwel
revenant au sentiment des choses remarque que Plup a pris la
place de son mari. Elle ne s'en étonne pas outre mesure et
comme elle n'est pas femme à laisser échapper une occasion,
elle entre immédiatement en pourparlers.)

Mme Flatwel

Monsieur, je ne vous connais pas et je ne sais pas par quel
prodige vous voici à la place de mon mari, mais je sens que
vous êtes gentilhomme.

Plup.

Vous sentez bien.

(Plup, sans mot dire lui tend sa carte en signifiant par un
doigt sur la bouche qu'elle doit garder le silence.)

Mme Flatwel.

Oh! et c'est vous! vous! Monsieur le Duc qui venez de m'of-
frir de me consoler?

Plup.

Je ne vous ai rien offert du tout. Cependant, comme je viens
de passer trois semaines en mer, c'est vous dire que je suis
entièrement à votre disposition.

Mme Flatwell.

Mais d'abord, savez-vous qui je suis?...

Plup

Je vous trouve à mon goût, ça suffit, je vous suis.

Mme Flatwel.

Ça ne vous gêne pas que je suis mariée?

Plup.

Non! (à part.) Je le suis aussi!...

Mme Flatwel

Dors-je ou suis-je éveillée?
Dors-je ou suis-je éveillée?...

Parlons d'amour
Fais-moi la cour.

Plup.

O femme vraiment abondante!

Mme Flatwel

Viens dans mes bras
N'me mépris' pas.

Plup.

Toi dont la poitrine me tente.

Mme Flatwel

Regard' moi mieux
Dans l'blanc des yeux...

Plup

Où peut-on vous voir sans lumière?

Mme Flatwel

Ce soir au bord de la rivière
Mon cher duc, y viendrez-vous?
Retrouvons-nous.

Ensemble

On vient toujours quand l'amour vous appelle.

Mme Flatwel

Vous êtes beau!

Flup

Vous êtes belle!

Ensemble

Rien n'est plus heureux pour des amoureux.

Car nous sommes vraiment beaux tous les deux.

(Ils sortent à droite après un petit pas de danse aussi injustifié que traditionnel.)

Scène 18e

Raymond, Destange, puis Flatwel.

Raymond, il entre en se promenant avec

Destange.

Je te dis que ça va... Nous sommes au mieux maintenant, tu comprends, je me suis excusé, je lui ai fait comprendre que... Enfin je ne lui déplais pas.

Destange

Prétentieux!

Raymond

Mais non, mais non, tu verras... (On entend arriver un train)

Flatwel, sortant affolé de la gare.

Un train spécial, Messieurs! Un train spécial... C'est la première fois que l'on voit cela à Kandy... Deux trains dans la même journée... Je vais demander une augmentation!

Raymond.

Un train spécial!... C'est au moins le roi d'Angleterre.

Flatwel

Mais, au fait, oui... qui ça peut-il être?

Destange

Enfin, vous devez bien avoir reçu une dépêche vous annonçant ce train spécial.

Flatwel, tirant la dépêche de sa poche

Parfaitement, la voilà!

Raymond.

Eh bien, lisez la!

Flatwel.

C'est évident, je n'ai qu'à la lire. (Il lit) Train spécial transportant Miss Edith Smithson arrivera gare Kandy au commencement après midi. Signé : Chef gare Colombo.

Scène 19ᵉ

Raymond, Destange, puis Edith.

Raymond.

Qui peut bien être cette Edith Smithson qui voyage en train spécial ?

Destange

C'est la vice présidente des suffragettes de Londres qui vient ici organiser un mouvement en faveur de l'émancipation féminine.

Raymond.

Allons bon, on va tout casser dans le pays.

Edith, descendant de la gare

Enfin, j'arrive à temps... Mais personne pour me recevoir, c'est vexant ! Voilà bien la première ville où ça m'arrive quel pays de sauvages ! Portez moi mes bagages au Florida-House.

Raymond à Destange.

Mais c'est Miss Ribouldingue, mon ancienne danseuse des Folies-Bergère !

Destange

Mais oui !..

Edith.

Florigny ! flûte !

Raymond.

Comment, toi ici ?

Edith.

Monsieur, vous vous trompez... je n'ai pas l'honneur de vous connaître.

Raymond.

Comment, tu ne connais pas ton petit Raymond ! Et Destange !

Edith.

Monsieur, je vous dis que je ne vous ai jamais vu... et que vous ne m'avez pas vue avant aujourd'hui.

Raymond.

Allons !.. C'est une blague !.. (Il passe derrière elle.) Et ton grain de beauté, là dans le cou, je ne le reconnais pas peut-être ?!.. Je l'ai pourtant assez embrassé.

Edith, elle lui prend la main par derrière

Ah !.. tais-toi mon chéri !.. Eh bien, oui, c'est moi... Mais pour l'amour de Dieu, ne me trahissez pas... Je suis maintenant Edith Smithson, une femme very respectable.

Raymond.

Toi!

Edith.

Moi!

Raymond.

Alors! fini le music-hall et la danse... mais par quelle suite
d'événements?

Edith.

Très simple. Mon père qui était pasteur, mourut en me
laissant une jolie fortune qui m'assurait l'indépendance.
Alors, moi, connaissant bien les hommes...

Raymond.

Je te crois...

Edith

J'ai voulu lutter pour émanciper les femmes et je donne ce
soir un meeting à Handy... Je suis tout de même bien con-
tente de te revoir, monstre d'homme... ah! tu m'en rap-
pelles des choses!... Paris, le Boulevard, les fêtes de nuit....
mais au moins ne dites à personne que vous m'avez
comme danseuse

Raymond.

Discrétion pour discrétion... Ici, je ne suis pas le duc de Florigny, mais Flup... Antonin Flup.

Edith.

Tope là, Antonin... ah! quelles parties nous avons faites
tous les trois, car vous en étiez aussi, Destange.

Destange

Oui, nous les commencions à trois... et vous les finissiez à
deux.

Edith.

Oh!... vous n'auriez pourtant pas voulu que...

Trio.

— — —

<u>Raymond</u>
Te rappelles-tu ce soir foû
Quand, dans ta loge, aux Folies-Bergère,
Je vins t'embrasser dans le cou
Ainsi qu'en ce moment, ma chère?

-43-

<u>Destange</u>
Puis nous soupâmes tous trois ensemble,
a Montmartre et ce fut charmant.
<u>Edith</u>
Et je m'endormis, il me semble,
au matin dans ton logement..
Je pense à mes succès
au temps où je dansais.
<u>Raymond et Destange.</u>
Ah! comme tu savais bien lever la jambe.
<u>Edith.</u>
Oui, je revois le nez
Des antiques abonnés
Suants, soufflants, congestionnés
Très anxieux.
De dévorer des yeux
Mes dessous si soyeux
Au-dessus de la rampe qui flambe.
<u>Ensemble.</u>
Mon Dieu! La charmante et déjà lointaine époque
Lointaine époque
Oh! oui, le joli paradis
Que ce cher souvenir évoque!
Vraiment, quelle charmante époque
Amusante et baroque
Célébrons notre beau Paris
Berceau joyeux de notre jeunesse
Pour qu'un moment elle renaisse
En nos cœurs tout regaillardis.
<u>Refrain Ensemble</u>

O Paris, ville de fête
Ville de joie et d'amour
Non ta gloir' n'est pas surfaite
Quand on t'a bien connue un seul jour
On ne peut, ville adorable,
Plus t'oublier désormais
Ton prestige est si durable
O Paris, que l'on t'aime à jamais!

- Danse.

Edith.

Mon pauvre Raymond, et vous Destange, il ne faut plus penser à tout cela. Ici, je suis l'hermine qui n'a pas une tache sur sa robe blanche... Comme il est malheureux que j'aie manqué le train à Colombo et que j'aie dû faire chauffer un train spécial! Tu aurais vu cette réception des suffragettes.

Destange

Oui, nous savons qu'on vous attend avec impatience.

Edith.

Mais comme tout mon succès dépend de la correction de mon entrée dans la ville et de l'impression que je produirai, nous allons faire semblant de ne pas nous connaître, pas? Vite, encore un baiser, avant de... nous séparer... un bon, comme dans le temps... ah! qu'il embrassait bien, la canaille!

Raymond.

Allons-y donc pour le dernier baiser... pour le baiser d'adieu!

Scène 20.

Les Mêmes, Deux Agents, puis tout le Monde.

(Au moment où Edith et Raymond s'embrassent sur la bouche et très longuement, arrivent deux agents.)

1er Agent

Halte!... Haut les mains!

(Edith et Raymond lèvent les mains machinalement.)

Edith

Zut!... pincée!

Raymond.

Qu'est-ce que vous voulez, vous?

1er Agent.

Lord Archibald, gouverneur de Kandy, a pris l'arrêté suivant: *(La foule commence à arriver: Suffragettes et fonctionnaires, tous les personnages de l'acte, groupe par groupe, ils écoutent avec stupéfaction.)* Article unique: Lorsque deux célibataires de sexe différent seront surpris, échangeant un baiser dans un lieu public ou privé, procès-verbal leur sera dressé et les délinquants seront obligés de se marier dans un délai de deux mois, faute de quoi ils se verront expulsés de la colonie et contraints de rentrer en Europe sans qu'il leur

soit dû la moindre indemnité.'
Lord Archibald.

En voilà déjà un de pincé... Nom d'un chien la jolie petite
poule... qu'elle me plaît cette poule... qu'elle me plaît.
Maud

ah! le maladroit!
1er Agent, à Raymond.

Comment vous appelez-vous?
Raymond

Antonin Flup !
Flup, entrant au bras de Mme Ratwel.

Présent...
Raymond, le méduisant du regard.

Vous dites?
Flup, déconcerté

Je dis: eh bien, vous êtes frais à présent !
1er agent

Et vous?

___ Final ___
Edith, navré

Miss Edith Smithson...
Les suffragettes
oh !.. Miss Edith Smithson (bis)

En envirous-nous notre oreille

Edith Smithson a-t-elle dit...

Catastrophe sans pareille !...

Elle a violé l'édit ....
Maud, outrée

Et vous arrivez d'angleterre

Pour nous édifier, parait-il !
Le Chœur

Patatras ! voilà tout par terre

Ce français était trop gentil'...

ah! ah! ah! faibles femmes que nous sommes

Toujours nous serons victimes des hommes !..
Raymond, à Maud.

Miss Maud, ne croyez pas... je vous expliquerai.
Maud, affectant de ne pas s'occuper de lui, à Edith.

Je suis Miss Archibald ;

Edith.

Oh! j'ai le cœur navré.

Maud, furieuse.

La voilà donc, cette admirable suffragette!
Elle venait pour un devoir sacré
Prête à combattre contre l'homme, l'homme exécré
Et vite aux bras d'un homme (toi) elle se jette!
Ah! l'admirable et fière suffragette

Oubliant son serment

au premier moment
Entre les bras d'un amant.

Les Suffragettes
Chœur

La voilà donc cette admirable suffragette
Elle venait, etc, etc....

Maud.

Amour, quel pouvoir as-tu
Que l'on te sacrifie
Honneur, croyance et vertu
Tout l'orgueil de la vie?
L'Homme est-il donc nécessaire
A ce point qu'en vérité;
Nous ne puissions que soumettre
Nos cœurs à sa volonté.
(Reprise avec chœurs)

Maud. à Edith.

Je vous méprise!

(à Raymond)
et je vous hais!

Edith

Ah! que j'ai de remords!

Raymond

Ah! que j'ai de regrets!

Lord Archibald.

Ou vous vous marierez, ou vous quitterez l'île

Raymond.

Plus souvent.

Lord Archibald.

Refuser d'épouser cette jolie enfant

Serait se montrer difficile !.

Chœur

Glorifions la Suffragette
Et conspuons l'homme jaloux
Son joug humiliant, il faut qu'on le rejette
a bas les hommes. Vive   nous !
a bas les hommes. Vive   nous !

Maud.

amour quel pouvoir as-tu
que l'on te sacrifie

Chœur

a bas les hommes Vive   nous !

Maud.

Honneur, croyance et vertu
Tout l'orgueil d'une vie

Reprise en chœur

amour quel pouvoir as-tu ?
que l'on te sacrifie
etc, etc ...

Rideau

Acte 2.

Le Décor représente les jardins de la Résidence.
Plantes exotiques, palmiers, cactus, etc... Eparpillés de statuettes, des
dieux hindous, de petites pagodes, des éléphants de pierre, etc, etc...

Scène 1ère

Kup, Jeunes Gens, Jeunes Filles.

(Au lever du rideau, les jeunes gens disposent des girandoles et des
guirlandes de fleurs.)

Le Chœur.

Parons de girandoles
Tout ce vieux parc hindou
Mettons des fleurs sur ces idoles
Tressons une couronne à ce bon vieux Vichnou
Pour que la fête soit superbe
Disposons à foison
Des lampes sur le gazon
Comme des vers luisants dans l'herbe.
Parons de girandoles
Tout ce vieux parc hindou
Jetons des fleurs sur ces idoles
Mettons une couronne à ce bon vieux Vichnou !

Kup, entrant.

Allons, allons, il faut que l'on se grouille
Les invités vont arriver. (bis)

(à un Jeune homme)
Cette guirlande est trop bas, il faut la relever
Bougre d'andouille !

Chœur.

Quel chic il a
Cet être là
Quelle allure suprême
C'est ravissant
Ah ! comme on sent

Qu'du faubourg il est la crème!
Les invités vont arriver
Allons, allons, il faut que l'on se presse
Le duc va bien approuver
Notre goût et notre adresse!
                Flup.
Vous feriez mieux de turbiner
Que d'pousser la romance
Les invités vont radiner
Encore quelques instants et la fête commence...
                Le Chœur
Parons de girandoles
Tout ce vieux parc hindou;
Jettons des fleurs sur ces idoles,
Mettons une couronne à ce bon vieux Vichnou.

                ——

                Mme Flatwel, parlé, à Flup.
Ah! cette soirée d'hier et les quelques heures que nous avons
passées ensemble au bord de la rivière!...
                Flup.
Je vous en prie, ne me parlez pas de ces choses-là... surtout
quand je suis en plein travail... ça m'est désagréable..
                Mme Flatwel.
Oh! ingrat!

                Jim.
Monsieur le Duc, le maître d'hôtel demande s'il
peut commencer à frapper le champagne.
                Flup.
Dites-lui qu'il est fou... s'il frappe le champagne, il
va casser les bouteilles, c'est évident!... Et je suis encore en
déshabillé du matin, quelle horreur! Que dirait-on de
moi au faubourg Saint Germain si l'on me voyait?
                Jim
On dirait que vous êtes suprêmement élégant comme toujours. Votre pyjama est délicieux et vous va comme un gant!
                Flup, qui porte en effet un pyjama ahurissant.
Vous appelez ça un p'tit jama, vous! Eh bien, mon garçon qu'est-
ce qu'il vous faut?... C'est le plus grand que j'ai pu trouver. (a
Miss Maud, en allant à sa rencontre) Miss Maud, ça s'annonce

Bien, je crois que la fête va être épatante... D'ailleurs j'ai assez sué pour ça depuis ce matin.

Maud.

Vraiment !... Pourtant vous êtes presque en retard ? J'entends une voiture qui s'arrête.

Flup, affolé

... Et moi qui suis encore en p'tit jama. Dépêchez-vous de vous débiner les enfants ou nous sommes foutus ! (à Maud) Ah ! nous autres gens du monde, nous en avons des soucis ! Réception parci, fête à la coque par là, on ne sait vraiment pas où donner de la tête. Il y a des moments, ma parole, où je voudrais être un simple commissionnaire. Ces gens-là n'ont rien à faire à côté de nous... Je cours me mettre en habit, vous permettez ?

(Il sort après les jeunes gens et les jeunes filles.)

Maud.

Quel étrange homme du monde mon père a engagé-là !...

Scène 2e
Maud, Raymond.

Raymond, en habit, très chic.

Miss Maud, souffrez que je vous présente mes hommages !

Maud.

Vous ici, Monsieur... Je pensais qu'après ce qui s'est passé hier vous auriez évité de vous présenter chez mon père aujourd'hui !

Raymond

Ne vous fâchez pas... Écoutez-moi plutôt.

Maud.

Me fâcher... me fâcher parce qu'on vous a surpris embrassant une fille sans pudeur, sans dignité ... Qu'est-ce que vous voulez que ça me fasse ?

Raymond, rappela l'orchestre de la Phrase du 1er Acte.

Alors, laissez-moi vous rappeler ce que vous veniez de me dire avant ce malheureux incident : Si vous vous trouviez dans la nécessité d'avoir recours aux avocats venez sans hésiter me trouver. Je viens vous trouver.

Maud.

Vous avez un procès ?

Raymond

Vous savez bien qu'à la suite de l'incident en question, on
veut m'obliger à épouser cette personne. Pour rien au monde,
je n'y consentirais... Je préfère me laisser traîner devant
les tribunaux de Kandy... Soyez mon avocat.

Maud.

Tiens ! Je croyais que vous aviez les avocats en horreur... et
les femmes avocats encore plus !

Raymond.

Je ne savais pas ce que je disais... Vous m'avez raccommodé
avec le barreau.

. Duo .
Raymond.

Vous êtes bonne je le sais
Défendez - moi dans ce procès
Grotesque.

Maud

Vous faisiez tous les deux vraiment
Un couple insolite et charmant
Ou presque

Raymond.

Croyez - moi, dans cet incident
Je ne fus pas si consentant
Qu'il semble

Maud.

Allons donc ! vous ai-je point vus
Dans le même baiser perdus
Ensemble.

Je ne plaiderai pas pour vous
De Miss Edith soyez l'époux
La chose est juste et naturelle
Non, je ne vous aiderai pas
A sortir de ce mauvais pas
J'aimerais mieux encore, tenez, plaider pour elle . (bis)

Raymond.

Ah ! si vous saviez quel tourment
Depuis cet absurde moment
Je traîne

.52.

Maud.

Elle se penchait sur vos yeux
Pour que son regard un peu mieux
Vous prenne;
Elle riait d'un rire frais
Son cœur épris battait tout près
Du vôtre.

Raymond

Et moi, dans cet instant mauvais
Tout en l'embrassant je rêvais
D'une autre...

Maud.

Je ne plaiderai pas pour vous;
De miss Edith, soyez l'heureux époux,
La chose est juste et naturelle,
Non, je ne vous aiderai pas
A sortir de ce mauvais pas;
J'aimerai encore mieux, tenez, plaider pour elle (bis)

Raymond.

Miss Maud, je vous en prie, que cela ne soit pas votre dernier mot... N'oubliez pas que vous avez juré de défendre la veuve et l'orphelin.

Maud.

Mais vous n'êtes ni veuve ni orphelin, je présume... Enfin, je vais encore réfléchir et je vous donnerai ma réponse dans le courant de la soirée.

Raymond

Merci. J'ai confiance. (Il va pour lui baiser la main. Maud se retire vivement.) Oh!

Maud.

Non, je vous assure... Je préfère pas...

Scène 3ᵉ

Raymond, Destange, Edith, puis Phip.

Destange, il entre ayant Edith au bras.

Croyez-moi, Miss Edith vous avez eu tort de venir à cette soirée après le scandale d'hier.

Edith.

Mais il faut que je voie miss Maud pour lui expliquer ce qui s'est passé. Je ne veux pas me laisser déshonorer auprès des suffragettes mes sœurs sans avoir tout fait pour me défendre (à Raymond.) Ah ! te voilà, toi ! Eh bien vous pouvez dire que tu as fait un beau coup !

Raymond.

Ma chère c'est surtout à vous qu'il faut vous en prendre. Si tu n'avais pas débarqué à Kandy sans crier gare, tout cela ne serait pas arrivé.

Edith.

Ah ! et puis ne me tutoyez plus n'est-ce pas ?... Tu m'as assez compromise hier soir, ça doit suffire.

Destange.

Mes enfants, du moment que vous vous disputez, j'aime mieux m'en aller. (Il sort)

Raymond

Bonsoir. (reprenant la discussion.) On n'a pas idée de sauter sur les gens au milieu de la rue pour les embrasser de force.

Edith.

Ce sont les satyres, Monsieur, qui se conduisent ainsi.

(Flup entre en habit clownesque et pantalon à triple fond.)

Flup

Comment me trouvez-vous en habit ?

Raymond, sans le regarder.

Pas mal merci, et vous ? (à Edith) D'abord si vous n'aviez pas dansé je n'aurais pas eu l'idée de vous embrasser.

Flup, à miss Edith.

Ma cravate blanche est-elle bien à sa place ?

Edith, après un coup d'œil distrait

Naturellement ! Vous ne voulez pas vous la mettre sur le ventre.. (à Raymond.) et puis, il y a manière et manière d'embrasser une femme ; mais comme ça, sur la bouche, en plein jour, c'est dégoûtant !

Flup, à Raymond.

Qu'est-ce que vous pensez de mes escarpins.

Raymond.

Combien en avez-vous ? Deux, eh bien, ça suffit. (à Edith.) Quant à vous, si vous ne dites pas ce soir même à Miss

Maud que vous m'avez embrassé par surprise, je révèle à tout
le monde que vous avez été danseuse aux Folies-Bergère avant
d'être suffragette à Londres.

Edith, <u>indignée</u>

Oh! mais c'est du chantage, ça.

Raymond.

Parfaitement ! Vous dansiez, j'en suis fort aise, eh bien chantez
maintenant.

Edith

Alors moi je dirai à tout le monde que vous êtes le duc Raymond de Florigny et que Monsieur... oui, vous là, le clown, n'est
qu'un imposteur_

Flup, <u>dégoûté</u>

Chut !... mais taisez-vous donc !... Elle va me faire perdre mes
2500 francs par mois cette toquée-là ! Il faut absolument
que j'arrange cette histoire-là !

- Trio.

Flup.

Il vaut beaucoup mieux vous entendre
La vie est pleine d'agréments.
Il suffit de savoir la prendre
Pour n'avoir que de bons moments.

Edith

Hélas avant notre rencontre
Chacun me saluait bien bas
Maintenant du doigt on me montre
Je ne vous le pardonne pas.

Raymond.

Seigneur quelle absurde pensée
Me vint de cueillir un baiser
Sur cette frimousse insensée
Quels ennuis, ça va me causer !

Edith

Frimousse insensée
Absurde pensée
C'est gentil vraiment
Vous êtes charmant.

Flup

Ici-bas, voyez tout s'arrange
Et vous voilà presque d'accord
L'amour est un dieu bien étrange
Encore un tout petit effort !

Ensemble

Raymond.

C'est une chose abominable
Que d'abuser des gens ainsi
Que n'êtes-vous allée au diable
Au lieu d'être venue ici

Flup.

Ces deux êtres me font sourire
Ils étaient l'un de l'autre épris,
Mais ils n'osaient point se le dire
Heureusement je l'ai compris.

Edith, à Raymond

Taisez-vous duc de pacotille
Qu'on veut m'infliger pour époux
J'eus le tort d'être trop gentille
Avec un monsieur tel que vous.

Raymond

Duc de pacotille
Vous êtes gentille !
Joli compliment
Trop bonne vraiment !

Flup

Ici bas voyez tout s'arrange
Et vous voilà presque d'accord.
L'amour est un dieu bien étrange,
Encore un tout petit effort.

(Il danse un petit pas de satisfaction entre les deux personnages.)

Edith, excédée à Flup.

Et puis vous, fichez-nous la paix, nos histoires ne vous regardent pas.

Raymond.

Parfaitement, allez-vous faire pendre ailleurs (à Edith.) quant à vous, Madame, croyez bien que vous me paierez le tour que vous m'avez joué hier. (Il sort.)

Edith, le suivant.

Soyez bien tranquille, vous-même vous ne t'emporterez pas en paradis.

Scène 4.

Flup, Mme Flatwel.

Flup, *regardant Edith et Raymond*
s'éloigne !

Ah! ces amoureux, quels enfants !... Dire que j'ai été comme eux !... Aussi, tenez, un jour, comme je déchargeais des bagages à la gare d'Orléans, arrive une petite dame blonde couverte de fourrures qui me dit...

Mme Flatwel, *elle est entrée pendant que Flup parle*

Monsieur le duc, je vous aime!

Flup, *continuant sa phrase*

Monsieur le duc, je vous aime!... Mais non, elle ne m'a pas dit ça... (*sentiment*) Comment c'est encore vous, la femme du chef de gare!... Voulez-vous me lâcher la jambe, à la fin!...

Mme Flatwel.

Mais je n'ai pas touché à votre jambe!...

Flup

Eh bien! dépêchez-vous, qu'est-ce que vous avez à me dire?

Mme Flatwel

Epousez-moi.

Flup.

Jamais de la vie... Et puis vous êtes déjà mariée.

Mme Flatwel

Qu'est-ce que ça fait ?... Je divorcerai.

Flup.

Non... Votre mari m'est très sympathique et je ne veux pas lui jouer un tour pareil.

Mme Flatwel

Ça ne lui fera pas de peine.

Flup.

Mais ça m'en fera, à moi!

Mme Flatwel

Alors je lui dirai tout.

Flup

Divorcez d'abord et nous verrons après.

Mme Flatwel

Non... Jurez d'abord.

Flup, ~~exaspéré~~

Mais enfin, je n'ai pas mérité un tel traitement… Fichez-moi la paix !…

Mme Flatwel, ~~offensée~~

Oh ! Duc, vous n'êtes pas un gentleman !

Flup.

Moi !… Je ne suis pas un gentleman !… Je le suis plus que vous. Mais comprenez donc que si l'on devait épouser toutes les femmes à qui l'on fait la cour… on n'en finirait plus. C'est ma fonction sociale et ma seule raison d'être, à moi, de faire la cour aux femmes… Je suis un gentleman.

Mme Flatwel.

Un gentleman n'a qu'une parole et vous m'avez juré de m'épouser.

Flup.

Moi !… quand ça ?

Mme Flatwel.

Ici, tout à l'heure, devant tout le monde…

Flup, ~~abruti~~.

Pas possible !… Alors, sincèrement, c'est ce que je ne pensais pas que vous voudriez divorcer.

(Chanté)

(Duo N° 13. page 109 de la partition.)

Mme Flatwel.

Épousez-moi, Duc, je vous en supplie.

Flup

Vous épouser !… mais c'est de la folie !

Mme Flatwel

Je sais faire plus d'un plat fin.

Flup.

Laissez-moi tranquille, à la fin !

Mme Flatwel

Le plum-pudding est pour moi sans mystère

Flup.

Mille nom d'un chien ! allez-vous vous taire

Mme Flatwel

Je vous ferai, le soir au coin du feu,
Du thé, du tilleul, de la camomille.

Flup.

Puisqu'on vous dit que personne n'en veut

De vos tisanes de famille!

Klup	Mme Flatwel
Non mon coco	Oui mon coco,
Le conjungo,	Le conjungo.
C'est bon pour les gogos,	C'est ça qu'est rigolo,
Moi, je m'y refuse,	Quoi, tu t'y refuses
Mêm' si ça t'amuse,	Quand, moi, ça m'amuse ?
La vi' de garçon	Tu n'es pas réjoui
a seule du bon ;	D'ce bonheur inouï !
Je n'suis plus en âge	Nous sommes en âge
D'me mettre en ménage.	D'nous mettre en ménage.

Non, non, non, non, non, non, non, non, non, non, non, non,

Oui, oui, oui, oui, oui, oui, oui, oui, oui, oui, oui, oui.

<u>Deuxième couplet.</u>

Klup

Non, je ferais un mari détestable.

Mme Flatwel

Oh! je m'entends à soigner une table.

Klup

Ma foi, je ne suis pas gourmand.

Mme Flatwel

Moi, je le suis énormément.

Klup.

Je vous rendrai malheureuse, ma chère!

Mme Flatwel

On est meilleur quand on fait bonne chère.

Klup

Je ne suis pas un homme des plus doux

Et je vous battrai toute la journée.

Mme Flatwel.

Ça va très bien, car j'adore les coups....

Vous ferez donc à mon idée ...

<u>(Reprise du refrain ensemble comme ci-dessus, danse

et sortie; puis rentrée de Klup avec les domestiques.)</u>

Scène 5e

Un domestique.

Monsieur le Duc, les invités.

F.

Déjà, faites-leur essuyer les pieds au paillasson

Chœurs. Cortège.

Les Invités, entrant par groupes.

Vraiment l'aspect est féerique
De ces jardins prestigieux
Le spectacle en est magnifique.

Flup, les recevant.

Merci, merci, mesdam's, messieurs !

Les Invités

Lord Archibald a fait les choses
avec un goût délicieux ;
Ce ne sont que buissons de roses.

Flup

Merci, merci, Mesdam's, Messieurs.

Les Invités

Voici notre hôte avec sa fille
qui viennent rehausser l'aspect
De cette fête de famille
Saluons-les avec respect.

Flup, à un des invités en uniforme.

Dites donc, mon garçon, allez donc dire à l'office qu'on fasse passer les rafraîchissements.

L'invité, rogue

Je crois, monsieur, que vous commettez une erreur : Je suis sir Corsican, colonel du 7ème d'artillerie indigène.

Flup.

Ah! zut alors, pardon mon colonel. (lui donnant la main) Serrez-moi la cuiller pour me prouver que vous ne m'en voulez pas. (Le Colonel ne répond pas et offre le bras à une dame. Petit à petit on se répand dans le jardin par groupes - Maud est au bras de son père. Restent à l'avant-scène Flup avec un grand diable de valet tout galonné, en perruque poudrée. regardant ses galons.) Il n'y a pas d'erreur, si l'autre est colonel, celui-là est au moins général (passant le bras sous celui du domestique) Eh bien. général, charmante soirée, pas ?... (le valet ne répond rien mais regarde Flup de haut sans bouger. Après un silence embarrassé.) Madame Shatwel est une femme charmante, vous ne trouvez pas ?... (pas de réponse, encore un temps.) Nous aurons du charbon cette année ?...

(pas de réponse.) Il fait chaud ce soir.

Le domestique, sans bouger.

Non, il fait très froid.

Rup, regardant sa perruque blanche.

En effet... Il a neigé sur les hauteurs. (Il lâche le bras du domestique qui se retire avec correction) Il n'est pas bavard, ce militaire... (Il sort au moment où Maud apercevant Edith au bras de Bostange quitte son père et arrête Edith.)

Scène 6ᵉ
Maud, Edith.

Maud.

Voulez-vous m'accorder un instant, je vous prie, Miss Edith?

Edith.

Avec plaisir, je voulais vous demander moi-même un entretien. (Bostange s'incline et sort. Les deux femmes restant en présence, l'une et l'autre au commencement de la scène sont sur la défensive.)

Maud

Après le pénible incident d'hier, vous conviendrez qu'il ne peut plus rien y avoir de commun entre la vice-présidente du Syndicat des Suffragettes de Londres et la présidente des Suffragettes de Ceylan. C'est seulement en qualité d'avocat que je vous serais très obligée de répondre à mes questions... Croyez qu'il n'y a de ma part nulle curiosité, mais simple souci du devoir professionnel.

Edith

Je vous prie de m'interroger, je vous répondrai avec la plus entière sincérité.

Maud.

Merci. Y a-t-il longtemps que vous connaissez monsieur Antonin Rup?

Edith

Cinq ou six ans.

Maud.

Parfait... Vous voulez dire, je suppose, que depuis cinq ou six ans vous êtes amant et maîtresse.

Edith.

Oh! quelle question choquante vous me posez là, Miss Maud!

Maud.

C'est l'avocat qui parle.

Edith.

Ce monsieur Flup n'a jamais été rien d'autre pour moi qu'une relation
mondaine.

Maud.

Vous ne prétendez pas me faire croire que vous embrassez un monsieur
sur la bouche sans seulement avoir été sa maîtresse! C'est une chose qu'il
est difficile d'admettre!

Edith, ingénument

Parce que vous ne connaissez pas Montmartre. C'est là que Monsieur
Antonin Flup me fut présenté dans un local de l'armée du salut et
à Montmartre tous les messieurs embrassent les dames sur les lèvres
sans que cela engage à rien.— Question de mœurs et de pays, pas autre chose...

Maud.

Mais vous éprouvez du moins quelque tendresse pour votre complice...
Je veux dire pour monsieur Flup?

Edith.

Écoutez, Miss Maud, à ne rien vous cacher, nous n'avions l'un pour
l'autre avant cette ridicule histoire qu'une indifférence profonde,
mais, depuis hier, nous nous détestons cordialement.

Maud, malgré elle.

Quel bonheur!.. Je veux dire que c'est une vraie chance au point de
vue du procès, car si je puis prouver cela, peut être arriverai-
je à vous éviter le mariage? Vivre avec n'importe quel
homme doit être déjà, pour une suffragette une condition
abominable; mais le mariage avec un homme que l'on
déteste...

Edith.

C'est l'enfer, Miss Maud, c'est positivement l'enfer; alors que
l'existence avec un homme aimé, c'est le paradis.

Maud.

Qu'est-ce que vous dites là?

Edith.

Ah! oui, je sais bien que mon opinion est indigne... d'une
suffragette, pourtant, voyez-vous, ma mésaventure d'hier m'a
fait réfléchir. Puisqu'aussi bien, j'ai perdu la confiance de
mes sœurs, pourquoi continuer à parler contre ma conviction.
Non l'homme n'est pas un animal insupportable et hostile
comme nous le proclamons dans nos meetings. Celles qui pensent
cela sincèrement ne savent pas... Celles qui savent.

raisonnement tout à fait autrement.

Maud.

Mais alors, ce qu'on appelle l'amour serait donc un sentiment permis, logique, naturel, et non pas la chose affreuse et haïssable que les suffragettes réprouvent?

Edith

Si l'amour est un sentiment naturel!.. Mais ma chère enfant, c'est-à-dire que vous ne pouvez rien contre lui malgré tous vos discours et celle qu'il a choisie n'a plus qu'à s'incliner. L'amour naît au cœur d'une fille comme les roses au printemps.

Maud.

Oh! Miss Edith, je suis confuse... Je ne vous en veux pas car vous m'avez en quelque sorte éclairée. Pardonnez-moi, je suis très troublée... et très reconnaissante de ce que vous m'ayez accordée ces quelques minutes d'entretien.

(Sortie de Miss Edith.)

Ici la valse de Maud: L'amour naît au cœur d'une fille.

Dès le premier refrain, douceurs d'attitude)

Maud.

(Valse chantée)

I.

L'amour naît au cœur d'une fille
Comme la fleur éclôt au cœur du frais printemps,
Si la rose sauvage embaume la charmille
Les roses de l'amour parfument nos vingt ans.
Sans les fleurs de l'Avril le bois serait morose,
Cœur sans amour n'est pas heureux.
La tendresse s'éveille au cœur des amoureux
Comme aux buissons fleurit la rose.
O douceur du premier baiser
Hésitant à se poser
Sur le front, les yeux ou les lèvres
Cœur battant à se briser
O douceur du premier baiser
Dans l'émoi des premières fièvres!
Je rêve à toi, viens me griser,
Douceur du premier baiser...

II.

II

C'est toi qu'en des soirs de mystère
En de beaux soirs pleins d'un espoir doux et charmant
Quand l'odorante nuit se penche sur la terre
Mon cœur, sans le savoir, désire obscurément
Viendras-tu ! quand ? Par qui ?.. toi que je veux connaître
Et quel soir bleu choisiras-tu,
Pour troubler, embraser et calmer tout mon être,
Toi vers qui bat mon cœur éperdu !....
O douceur du premier baiser...
etc...

____

Scène 7e

Maud, Raymond.

(au moment où les danseuses sortent sur la reprise de
la fin de la valse par l'orchestre, Raymond entre et se dirige
vers Maud restée rêveuse à sa place.)

Raymond

Miss Maud, je viens respectueusement vous prier de me
donner la réponse que vous m'avez promise tout à l'heure.

Maud, joyeusement sortant de sa songerie,
tendant la main à Raymond.

Ah ! c'est vous, cher monsieur. Vous venez me demander
ma réponse. Mais oui, je veux être votre avocat, c'est
ma première cause, vous me porterez bonheur.

Raymond

Oh ! vous ne pouvez vous imaginer comme je suis heureux
de votre décision, d'abord, et de votre cordialité ensuite,
car vraiment, vous avez été pour moi d'une rigueur...

Maud.

Ne parlons plus de cela. Miss Edith vient de m'expliquer
comment ce mal entendu s'est produit

Raymond, sur ses gardes

Ah !

Maud

Oui... elle m'a dit que vous vous étiez connus à Montmartre autrefois.

Raymond, à part.

Ah! la sotte!

Maud.

Dans un local de l'Armée du Salut.

Raymond, à part.

Ah! la brave fille!

Maud.

Alors, comme à Montmartre, ce que vous avez fait hier avec miss Edith est, paraît-il d'usage courant, vous avez des circonstances atténuantes, très atténuantes, que je n'avais pas discernées tout d'abord mais que je ferai valoir devant vos juges.

Raymond.

Ah! vous me rassurez, miss Maud. Vraiment, à cette idée d'épouser miss Smithson, je me sentais devenir malade.

Maud.

Quand vous avez échangé hier avec Miss Edith ce baiser si compromettant, vous n'éprouviez pour elle aucune tendresse personnelle.

(Musique de scène, quelques couples passent en valsant dans le fond du théâtre)

Raymond. grave

Sur mon honneur, non... D'autant plus que j'ai le cœur plein d'une autre infiniment plus exquise.

Maud, refroidie

Ah ??.. depuis longtemps?

Raymond, un peu entrecoupé

Depuis hier... quelques heures avant d'avoir rencontré Miss Edith.

Maud, rassurée et très émue

C'est en effet... récent.

Raymond.

Alors vous comprenez qu'il ne pouvait y avoir aucune tendresse réelle dans le geste que j'eus vis à vis d'elle et que je regrette profondément

Maud.

C'est mieux ainsi,

(Musique de scène)

R

Raymond, disant la musique de scène

Entre elle et moi quelqu'un s'est glissé que j'ai vu
Tel que je vous vois en cet instant même,
Et c'était le fantôme adorable, imprévu
De celle que j'aime.
Quand, ma bouche liée à la bouche d'Edith
Je l'ai serrée entre mes bras, sans nulle fièvre,
Tout bas la voix de l'autre alors m'a dit:
Ce sont mes lèvres que tu tiens entre ses lèvres...
Et puis j'ai fermé les yeux
Pour savourer mieux
Mon bonheur immense
Et, le plus longtemps que j'ai pu,
Sur la bouche d'Edith j'ai bu
L'âme de l'adorée à laquelle je pense.

Maud.

Celle que vous aimez a-t-elle su cela?

Raymond.

Je n'ai pas osé le lui dire encore.

Maud

Et ce baiser que votre bouche lui vola
Sur la bouche d'une autre?

Raymond.

Il faut que je l'implore
Pour qu'elle me le donne elle-même aujourd'hui

Maud, haletante.

Lorsque vous la verrez...

Raymond, avec anxiété

Oui.

Maud

Demandez-le lui.

(La symphalia continua très piano à l'orchestre.)

Raymond.

Mais voudra-t-elle à mon désir fervent souscrire?

Maud.

Dites-lui votre amour.

Raymond.

Je viens de le lui dire.

(Long baiser lèvres à lèvres.)

Maud, _sans se dégager_

Que faisons-nous ?... C'est cette musique énervante qui me grise et m'affole !...

Raymond.

C'est la danse des amants de ce pays... la Cynghalia.

(Danse voluptueuse de Raymond et Maud puis sortie.)

Scène 8ᵉ

Flup, Les Invités, Archibald, etc... sauf Raymond et Maud.

Flup

Oui, cette fête en plein air est assez bien réussie. Oh! j'y ai mis tous mes soins. C'est une affaire de goût. Vous savez, simplement, avec du goût on réussit en toutes choses. C'est ainsi qu'un de mes ancêtres, qui d'ailleurs a laissé un nom dans l'histoire, disait un soir de bataille : Mon royaume pour un beefteack de cheval.

Toutes ces dames, _autour de lui._

Oh! délicieux, exquis, d'une finesse.

Lord Archibald.

Et maintenant, mon cher duc, qu'allez-vous montrer à vos invités? [1]

Flup

Un jeu qui fait fureur en ce actuellement dans les salons parisiens, jeu renouvelé des grecs.

Kennedy

Ah! j'y suis, la passe anglaise...

Flup.

Non, le collin-maillard.

Destange, _à Edith._

L'animal ne manque pas d'imagination.

Flup

Voilà, on met un bandeau sur les yeux des messieurs, ou les

---

[1] Quand le ballet est supprimé; sinon:

Flup.

Une merveille !... Les danses sacrées de l'Inde telles qu'on les exécute dans nos établissements les plus parisiens.

(Ballet - puis passez page 68 à la reprise du parlé)

les lâche dans le jardin et les dames en profitent pour leur faire des blagues. C'est tout à fait l'image de l'amour.

Archibald, <u>à une dame qui lui bande les</u>

<u>yeux.</u>

Laissez une petite place pour que j'y voie clair et je ne le dirai à personne.

La Dame.

Jamais de la vie, hou! le tricheur!

Une autre dame, <u>à Flup</u>

ah! comme vos cheveux sentent bon, qu'est ce que c'est, de la violette russe?

Flup.

Non, c'est mon odeur naturelle.

<u>Archibald, chanté.</u>

Ce jeu plein d'humour
Est l'image de l'amour
Puisque l'amour aveugle les hommes,

<u>Kennedy</u>

on croit trouver
Celle dont a rêvé
ah! pauvres aveugles que nous sommes.

<u>Flup.</u>

Déjà l'on touche
Ses yeux, son front, sa bouche
Et l'on constate
Que le museau qu'on tâte
Est celui simplement
D'un vieux sans agrément

<u>Ensemble, refrain.</u>

Le Colin-maillard
Est un jeu de hasard
Rien ne sert ma foi
D'y être très adroit
Quand on croit soudain
Que l'on a mis la main
Sur un frais minois
On n'a qu'une vieille noix.

<u>Deuxième Couplet.</u>

Kennedy.
Mais cette fois-ci
Ce ne sera plus ainsi
Nous tâtonnerons avec prudence.

_archibald, à qui l'on présente
un ballon d'enfant._
Ah! je te tiens
Et ces cheveux sont les tiens
Vieux Kennedy, pas de résistance.

Plup.
C'est vous madame
Je le jure sur mon âme.

Mme Flatwel
Yes, all right, very well
C'est un larbin rasé

Plup
Chère madame excusez!

Ensemble
Le Colin - maillard
etc...

Plup
On rigole hein! Et puis c'est pas tout maintenant je vais
vous en pousser une, une chanson populaire à Paris.
(annonçant:)

Et maintenant chantons une romance.
Une romanc' de pur esprit français
Cette romance, amis, je la commence
Je la commence, parce que je la sais.
Mais, au refrain, ainsi qu'il est d'usage
Mes cher amis, chantez tous avec moi
On ne peut demander davantage
Lorsque l'on a sa conscience pour soi.

Refrain.
Si ma tante avait été soldat
Ell' serait mon oncle.
Si mon oncle avait plus d'estomac
Il serait ma tante!

Ensemble
Si ma tante avait été soldat

Ell' serait mon oncle;
Si mon oncle avait plus d'estomac
Il serait ma tante.
Le duc est un bon garçon
Il nous chante une chanson
aussi bien qu'un acteur lui-même
Et sans façon.

Plus

Les paroles sont vraiment bien.
archibald, Kennedy, Flatwel.
C'est idiot, ça ne fait rien.

Chœur.

Et la musiqu' d'un chic suprême
Très parisien.

II.

Le lendemain lorsque la sentinelle
Revit passer l'oiseau qui revenait
Elle se dit: ça c'est une femelle
Une femelle ou bien un sansonnet!
Car en amour ainsi qu'en politique
Il est urgent de trahir ses serments;
C'est avec ça qu'on se rend sympathique
Et c'est admis dans tous les parlements.

Refrain

III.

Petits enfants que cette leçon vous serve
On n'est jamais si malin que l'on s'croit.
quelque soit l'sort que l'av'nir vous réserve
a l'écarté, r'tournez toujours le roi
Puis le vieillard s'endormit sur la pierre
On ne peut pas lutter contre son sort
quand le sommeil lui ferma les paupières,
Même en dormant il murmurait encore :

Refrain.

Plus.

Et maintenant la chaîne, la farandole, quoi!
(après la chanson Plus part en dansant suivi de
quatre femmes qui l'entrainaient et tout le monde en
farandole, chantant le refrain.) "Si ma tante avait été
soldat."

Scène 9ᵉ

Archibald, Kennedy, Ratwel, les Agents.

Archibald

Voici l'instant, mes amis, où vous allez connaître la profondeur machiavélique de mon plan. Encore un peu de patience et Kandy sera débarrassé de ses suffragettes; elles seront toutes devenues de gentilles petites fiancées bien sages et bien obéissantes.

(Sur une musique étouffée et martiale les agents conduits par un brigadier entrent en scène sur la pointe des pieds.)

Les Agents

Dans chaqu' pays du monde
Les agents
Sont intelligents.
De Vienne aux Il's de la Sonde
Et de Chatou
a Tombouctou
Cheminant sous la nuit épaisse
a la poursuite du voleur
S'il rencontre un cambrioleur
L'agent se dresse
Et fourre l'apache aussitôt
a l'ousto !
C'est nous qui sommes les bons agents
Les braves gens (bis)
C'est nous qui fourrons toujours dedans
De préférence les honnêtes gens.

Reprise.

Dans chaqu' pays du monde
Les agents
Sont intelligents
De Vienne aux il's de la Sonde
Et de Chatou
a Tombouctou
Cheminant sous la nuit épaisse
a la poursuite du voleur
S'il rencontre un cambrioleur
L'agent se dresse
Et fourre l'apache aussitôt

A l'ouisto!

Kennedy

Qu'est-ce que vous avez l'intention de faire avec tous ces fabricants de procès-verbaux?

Archibald.

Attendez. (aux agents.) Vous avez bien compris votre consigne, n'est-ce pas, mes amis? Quand je frapperai dans mes mains, comme ça...

Le Brigadier, il éternue

Parfaitement!

Archibald.

Et aussitôt que les lumières seront allumées...

Le Brigadier, il éternue

Parfaitement!..

Archibald

Je vous recommande la plus grande rigueur... aucune pitié pour personne... et ne me ratez pas un délinquant.

Le Brigadier, il éternue

Parfaitement!

Archibald.

Mais n'éternuez donc pas tout le temps comme ça quand on vous parle!

Flatwel.

Vous voyez bien qu'il a attrapé un rhume de sergot.

(Sortie des agents sur la reprise de la marche. On entend la farandole qui revient toujours conduite par Flup Les invités s'arrêtent de s'épongeant.)

Scène 10ᵉ

Flup

Vive la joie, mes enfants! C'est comme ça qu'on s'amuse à Paris! La voilà bien la vieille gaieté française- (à mi-voix seul) Comment, t'as pas de femme, toi? Tu devrais avoir honte à ton âge. (lui poussant une invitée dans les bras.) Tiens, mon vieux!.. en v'là une. (à un autre.) Toi, non plus?. En v'là une. (à Flatwel) Toi, non plus, le chef de gare? (lui collant une énorme choriste) Tiens, mon vieux, v'là une locomotive. Tout le monde sur une reprise d'orchestre repart en dansant. Flup croise Maud.)

Flup, à Maud.

Oh! pardon, Miss Maud, tenez, puisque nous sommes tout à la joie, je vais vous révéler un secret qui fera acquitter Monsieur Flup. Comme ça, vous me devrez d'avoir gagné votre première cause.

Maud, intéressée

Et monsieur Flup ne sera pas obligé de se marier avec Miss Edith?

Flup

Non, malgré tous les arrêtés de votre père.

Maud.

Alors... dites-moi vite ce secret.

Flup.

Eh bien, voilà... demandez à M. Antonin Flup, son livret militaire; lisez-en soigneusement la première page et vous y trouverez un argument irrésistible pour que votre client échappe aux rigueurs du nouvel édit.

Maud. lui serrant la main

Merci, duc!

(Le soir commence à venir lentement; au moment où Flup sort Raymond revient.)

Flup, à Raymond.

Mon cher, je viens de vous rendre un de ces services...

Raymond

Pas possible!

Flup

j'ai complètement arrangé votre affaire. Miss Maud vous expliquera.

(Flup sort.)

Raymond.

Cette fête ne vous fatigue pas trop, chère Maud?

Maud

Fatiguée un jour où j'ai tant de joie au cœur... oh! non! Mais restons un peu ensemble, l'heure est si douce.

.Duo.

—

C'est l'heure précieuse où le soir prête aux choses
                 ses fragiles beautés
au loin dans l'air chargé du lourd parfum des roses

Quelles tièdes clartés !
Le cœur fou, les yeux humides,
Les amants, couples timides
Réfugiés dans ces bosquets
Cueillent de lents baisers par bouquets !...

Raymond.

Savourons l'heure qui passe
Des frissons peuplent l'espace

Maud

Et mon cœur palpite éperdûment
Ô adorable et doux moment !

Raymond.

Maud, Maud ! sentez-vous point flotter la griserie
De ce soir de printemps ?
Quelle féerie
Dans ces bienheureux instants !
C'est vous ma fiancée adorable et chérie
Et vous avez vingt ans
O soir d'amour, soir de féerie !...

Maud.

Vois mes yeux éblouis par cette heure adorable
Ils sont à toi
Ces bras mis à ton cou pour l'étreinte durable
Ils sont à toi
Tout ce corps qui voudrait savoir et qui redoute
Il est à toi
Dans ma jeune chair et de mon âme ardente, toute,
Je suis à toi !

Raymond.

Serre-toi dans mes bras, la nuit bleue est complice
D'un véritable amour
Du crépuscule à l'heure, où dans le ciel, se glisse
L'éveil léger du jour !

Maud.

Oui, je suis dans ta main, frêle oiseau qui veut vivre
Je palpite et tremble d'émoi
Toute blottie en toi, contre moi.

Fin.

<u>Ensemble</u>

<u>Raymond</u>	<u>Maud</u>
O te dire combien mon cœur est ivre	Je veux t'aimer, je veux vivre,
Viens rêver, aimer et vivre	A tes baisers je me livre
Cher amour, je suis à toi !	Fais-moi rêver, fais-moi vivre
	Oh ! mon cher amant, prends-moi.

<u>Raymond</u>

Oh ! chérie, quelle belle vie je vais vous faire là-bas, dans ce grand Paris qui vous attend, demain je viendrai demander votre main à Lord Archibald.

<u>Maud</u>

Demain matin, non ! Il faut d'abord que nous arrangions votre affaire avec Miss Edith. Vous ne pouvez décemment pas demander ma main à mon père quand vous êtes encore sous le coup d'épouser une autre femme. A propos, il faudrait me confier un papier d'état-civil, votre livret-militaire, par exemple, c'est nécessaire pour établir les pièces de procédure.

<u>Raymond</u>

Ah ! voilà déjà l'avocat qui reparait... Ma foi, j'ai précisément mon livret militaire sur moi... le voici !

<u>Maud</u>, <u>le prenant</u>.

Oh ! il n'est plus neuf !

<u>Raymond</u>.

Non, il est même un peu sale... ces choses là traînent dans tous les bureaux...

<u>Maud</u>.

Vous permettez ?... (Elle lit :) "Antonin Flup, soldat de la classe 1901, né à Brétigny-sur-Orge le 12 Avril 1881, marié, père de trois enfants..." (Un temps, puis hors d'elle, sous le nez de Raymond abruti de stupéfaction.) Comment ! marié et père de trois enfants !... Mais alors quelle comédie honteuse me jouez-vous depuis deux heures ? Marié, père de trois enfants !... et Miss Edith que vous deviez épouser... et moi de qui vous alliez demander la main. Combien vous en faut-il donc ? Tenez, Monsieur. (elle lui jette son livret) Je ne sais plus à quel homme j'ai à faire... à un imbécile ou un chevalier d'industrie... Mais je vous assure que votre conduite envers moi a été odieuse, indigne. Je ne méritais pas une chose aussi outrageante... et j'ai un chagrin!... (*Elle sort en pleurant.*)

Raymond, *ramassant son livret.*

Patatras!... tout est à recommencer!

Scène 11.ᵉ

Flup, Raymond, Destange.

Flup

Eh bien! votre affaire est arrangée?

Raymond, *amer*

Oui, parlons-en!...

Flup.

C'est grâce à moi, vous savez!

Raymond

Comment, grâce à vous?

Flup

Naturellement! C'est moi qui ai soufflé à Miss Maud de vous demander votre livret militaire! Elle y a vu qu'Antonin Flup est marié, et, par conséquent ne peut épouser Miss Smithson.

Raymond

Comment! c'est vous qui avez fait ce coup là? (*Pluie de gifles.*) Voici ma carte, je suis à votre disposition. (*Il sort.*)

Scène 12.ᵉ

Flup, Destange.

Flup, *il regarde la carte et se tient la joue.*

Antonin Flup!... Mais c'est moi Antonin Flup! (*à Destange*) Qu'est-ce qu'il faut que je fasse maintenant?

Destange.

Comment, ce qu'il faut que vous fassiez?

Flup.

Oui... car, enfin, j'ai reçu des gifles, il n'y a pas à se le dissimuler. Eh bien qu'est-ce qu'on fait dans notre monde quand on a reçu des gifles?

Destange

Dame! on les rend... ou bien on demande une réparation par les armes.

Flup

Un duel avec lui... jamais... Si je le tue c'est encore moi qui serai mort.

Destange.

Alors, rendez les gifles et l'honneur est sauf.

Flup.

Parfaitement, j'aime mieux ça (un temps) à qui faut-il
les rendre?

Destange

Comment, à qui faut-il les rendre, mais à lui pardi!

Flup

Jamais de la vie! Il me supprimerait mes appointements.

Destange

Mais enfin vous ne pouvez pourtant pas garder les gifles?

Flup.

Soyez tranquille, je ne les garderai pas longtemps.

Scène 13.

Flup, Destange, Flatwel, Mme Flatwel.

Flatwel

Mon cher duc, mes compliments. nous venons de faire le
tour des jardins, cette fête est tout à fait réussie.

Flup, agressif.

Ah! vous voilà, vous, le chef de gare?

Flatwel,

Mais oui me voilà!

Flup

Et puis ne me regardez pas avec ces yeux d'idiots, vous savez!...
(Gifles) Je suis à votre disposition, voici ma carte. (Flatwel
reste comme deux ronds de flan) Fils de Saint Louis, montez au
ciel... l'honneur est sauf.

Mme Flatwel

Bravo!

Flatwel.

Comment bravo!

Mme Flatwel.

Naturellement, bravo! Quand on n'est qu'un tout petit chef de
gare et qu'on se mêle de fréquenter des gens au-dessus de sa
situation, voilà ce qui vous arrive. Votre bras, duc!

Flup, à Mme Flatwel

Un de mes ancêtres a dit un jour! Si la courtoisie venait à
disparaître du reste de la terre on la retrouverait dans le cœur

de Louis XVIII... alors vous comprenez...

Mme Flatwel

Évidemment.

(Sortie)

Scène 14e

Flatwel, Raymond, Destange.

Flatwel.

Ça, c'est un peu fort par exemple !

Raymond

Qu'est-ce qu'il vous arrive, Monsieur Flatwel, vous avez l'air navré.

Flatwel.

Ce qui m'arrive !... Il m'arrive que le duc de Florigny est le dernier des voyous.

Raymond.

Quoi ! qu'est-ce que vous dites ?

Flatwel

Je dis que le duc de Florigny est le dernier des voyous.

Raymond, allongeant une paire de gifles.

Voici ma carte, Monsieur, je me tiens à vos ordres. (Sortie)

Flatwel, lisant la carte.

Antonin Plup. Antonin Plup... Mais qu'est-ce qu'ils ont tous après moi, aujourd'hui ?

(Pendant cette dernière scène la nuit est tombée et l'on entrevoit maintenant des couples furtifs qui traversent la scène et vont se perdre dans les gloriettes. A l'orchestre, discrète musique de scène puis rappel du motif des agents. On voit ceux-ci, à pas de loup ; cerner les gloriettes.)

_ Finale _

Tout le Monde.

Lord Archibald frappe dans ses mains et toutes les girandoles s'allument. On voit alors dans les 12 gloriettes 12 couples enlacés et 12 agents carnet en main pour le procès verbal. La première gloriette à droite est occupée par Maud et Plup. La première gloriette à gauche est occupée par Flatwel et une négresse sortie on ne sait d'où. Edith est avec Destange. Madame Flatwel avec un serviteur

78.

nègre, Jim avec Kate etc. Raymond est au milieu de la scène.)

Flup

Allez, allez, éteignez. Qui est ce qui fait des blagues ?

Maud, *le rattrapant au moment où il*

va s'échapper.

Voulez-vous rester ici, imbécile ?

Flatwel, *regardant sa compagne*

Tiens, c'est une négresse !...

Flup, *qui est parvenu à sortir*

Encore une victime de la traite des blanches !

Archibald, *aux agents.*

Dressez-moi procès-verbal à tous ces gens là... excepté à ma
fille naturellement.

Kennedy, *protestant.*

Pourquoi excepté à votre fille ?...

Archibald.

Le premier bénéfice de ceux qui font les lois, c'est le droit de
de les appliquer ni à eux, ni à leur famille !

Maud

Pardon ! J'exige qu'on me dresse procès-verbal à moi aussi.
Je tiens absolument à épouser le duc de Floriguy.

Raymond.

Oh ! Maud, vous me brisez le cœur. Vous ne voyez donc pas que
cet homme est ridicule, grotesque, idiot. (*passant à Flup*)
Monsieur, vous avez déjà reçu de moi une paire de gifles...

Flup.

Oui, mais je ne les ai pas digérées.

Raymond.

Eh bien, demain, vous prendrez encore un petit coup d'épée,
ça fera descendre le tout !

Archibald, *à Maud.*

Ma fille, un peu de tenue, que diable !... n'oubliez pas que
vous êtes suffragette.

Maud, *riant nerveusement*

Suffragette, allons donc !— on se fait suffragette quand on
est encore trop jeune, ou déjà trop vieille pour apprécier
les hommes.

Toutes les femmes

Oui, oui !... Vive l'amour !

(Maud, avec un regard de mépris à
Raymond et comme prise de folie s'approche de Puy au milieu et chante en l'entourant de séductions. de manière à faire
bien souffrir Raymond.)
Chanté:

Chœurs.
Vive l'amour
qui, jusqu'à ce jour
Nous étions bien fous de méconnaître
Mais grâce à lui
Depuis aujourd'hui
Nous savons que l'homme est notre maître
Vive l'amour
Puisque dans ce jour
C'est vraiment l'amour qui nous rachète
Chaque cœur de suffragette
Aujourd'hui se rachète
Du péché d'avoir nié l'amour.

Maud.
L'amour est le maître des âmes
Car du berceau jusqu'au tombeau
Il nous pénètre de ses flammes
(à Puy) Par lui je vais te trouver beau!
Par lui je vais enfin connaître
O! mon Raymond. époux adoré
Enfin connaître le frisson sacré
o mon doux maître
Mon Raymond adoré.

Chœur (Reprise)
Vive l'amour
etc.

Raymond
Maud, Maud, vous me déchirez l'âme

Archibald
Ma fille es-tu folle vraiment?

Puy
Est-ce vrai, vous serez ma femme!

Maud.
Oui, je l'adore éperdument

Oui, mes yeux éblouis par cette heure adorable.
Ils sont à lui.
Ces bras mis à son cou pour l'étreinte durable
Ils sont à lui.
Tout ce corps qui voudrait savoir et qui redoute
Il est à lui
Dans ma jeune chair, dans mon âme ardente, toute
Je suis à lui....
Amour, quel pouvoir as-tu
Que l'on te sacrifie
Honneur, croyance et vertu
Tout l'orgueil de la vie.
Hup, parlé.
Vraiment aujourd'hui tout me réussit
Mon cher Archibald, merci !
Chœurs.
Oui, ces yeux éblouis par cette heure adorable
Ils sont à lui
Ces bras mis à son cou pour l'étreinte durable
Ils sont à lui
Tout ce corps qui voudrait savoir et qui redoute
Il est à lui
Dans sa jeune chair, dans son âme ardente, toute
Elle est à lui !

—

Rideau

Acte 3ᵉ

—

— Le décor représente la grande salle du trône des anciens princes de Kandy devenue aujourd'hui le salon d'honneur des résidents anglais.

Scène 1ᵉʳᵉ
Flup, Les Domestiques.

(au lever du rideau Flup fait manœuvrer les domestiques avec une joie d'enfant. Ceux-ci chantent leur chœur sur une sorte de pas flegmatique à régler. Chœur des domestiques puis sortie.)

Chœur
Les Domestiques.

Sous notre Régime britannique
Nous avons la tradition
De l'impeccable domestique
Classique, classique
Hauts mollets, superbe plastique
Enfants de la vieille Albion
Chacun de nous connaît, pratique
La tradition

Flup.

Oui, ce sont de beaux larbins
De fiers gaillards, des lapins
Que j'ai fait venir exprès
à grands frais, du pays écossais.
Pour la fête d'aujourd'hui
Ce grand diable les conduit
Il a l'air d'un animal
Je le sais, mais je m'en fiche pas mal.

—

(Reprise du chœur, puis les domestiques vont se ranger au fond.)

(Il ne reste plus en scène que Flup et John. John est un grand diable glacial et distant à perruque poudrée et à mollet de soie. Il ne répond jamais à Flup, exécutant ses ordres en silence, mais avec une dignité de grand style et un profond mépris.)

Les domestiques sortis, Flup devant une psyché installée à son intention dans la salle d'honneur choisit et essaie sa toilette de mariage. Sur tous les sièges, il y a des vêtements à essayer et, au milieu du salon, une malle ou un panier assez grand pour contenir Flup.

Flup dans cette conversation à un seul personnage, doit dire chaque réplique absolument comme si le domestique lui répondait, espaçant ses répliques tout à fait à la manière des gens qui, au téléphone, sont seuls à entendre les réponses de leur interlocuteur.)

Flup, <u>essayant une jaquette à carreaux.</u>

Et pourquoi ne me marierais-je pas en jaquette? Elle me va très bien, celle-là.

John.

9 :
....

Flup.

Parce que ce n'est pas la mode, dites-vous.. Mais, mon cher garçon, quand on est le duc de Florigny on ne subit pas la mode, on l'impose ... et si cette jaquette me va, je la mettrai.

John

9
....

Flup.

Vous avez peut-être raison. Il y a en effet sous ce bras un pli assez disgracieux ... au diable la jaquette!... (<u>Il la jette au larbin qui la passe à un autre larbin, lequel l'emporte et revient.</u>) Donnez-moi cette redingote bleue qui est là-bas sur cette chaise.

John, <u>va lui chercher une redingote jaune à l'autre bout du théâtre</u>

9
....

Flup,

C'est cela même, merci bien. (<u>En l'endossant</u>) Mon cher garçon ça ne vous regarde pas ce qui s'est passé hier soir,

après la surprise des bosquets et je vous prie de ne plus me
poser de ces questions indiscrètes... Il s'est passé tout simplement ceci : j'épouse Miss Maud qui en paraît très satisfaite...
(lui jetant la redingote jaune.) Aux pelotes la redingote !... Passez-
moi une cravate.

John, <u>il lui apporte une cravate rouge.</u>

?.....

Plup.

Non, pas celle-là, une autre ! (<u>John ne bouge pas et continue
à tendre la même cravate. Un temps.</u>) Oui... j'aime mieux
celle-ci (<u>Il l'met.</u>) Ah ! je vous crois que mon beau-père
est un vieux malin ! Cette idée d'illuminer subitement
les kiosques pour y surprendre les amoureux, c'est une
trouvaille d'Eugénie.

John

?....

Plup.

Quelle Eugénie demandez-vous ?... Ma foi, je n'en sais
rien... Peut-être l'impératrice... En tous cas, une femme
qui devait être bigrement roublarde car, en France, chaque fois que quelqu'un trouve quelque chose de neuf,
on dit tout de suite : Ça, c'est une idée d'Eugénie !...
J'ai envie d'essayer ce petit gilet tricolore... Il n'est pas
cochon.

John

?...

Plup.

Si je suis content d'épouser Miss Maud tout à l'heure ?...
Peuh ! Vous savez, j'aurais pu prétendre à mieux que
ça... Mais enfin c'est déjà pas mal... Saviez-vous qu'un
de mes ancêtres a épousé une reine d'Angleterre.

John.

?...

Plup, <u>éclate de rire, puis, avec une pitié</u>

<u>condescendante.</u>
Mais non, mon garçon... pas la reine Victoria... une
autre... la reine Victoria, quelle idée !... Passez-moi
un habit.

T

John

?....

Plup.

Oui, un habit vert si vous voulez. Ça me rappellera
mon oncle l'académicien.

John, *lui passant un pet en l'air pittoresque*

?....

Plup.

Comme vous dites, Miss Edith est une excentrique... au lieu que
Miss Maud a toujours été sérieuse... et puis il y a de la galette !
*(effrayé de ce qu'il vient de dire, il regarde autour de lui puis, un doigt
sur la bouche, fait signe au larbin:)* Chut !... Quelle heure est-il ?

John, *il ne répond toujours pas, mais une
pendule sonne neuf coups.*

?....

Plup.

Neuf heures. Merci, mon garçon ! Et le mariage est pour dix
heures; pressons-nous, pressons-nous ! Il faut que tout ça soit
débarrassé puisque la cérémonie a lieu ici.

John.

?....

Plup.

Je ne vous dis pas le contraire, j'aurais pu m'habiller dans ma
chambre; mais ce palais est à Lord Archibald, pas ?... Eh bien,
quand on est chez son beau-père, c'est comme chez soi, on s'habille où l'on veut... ça ne regarde pas les domestiques. Et
puis ma chambre me dégoûte... elle est au premier étage
et je préfère les rez-de-chaussée... Vous pouvez enlever tout ça...
J'ai fini. *(Il s'est en effet décidé pour la cravate rouge, le gilet tricolore
et l'habit vert. John emporte tout le reste puis revient vers Plup à
qui il parle enfin, mais d'une lieue.)*

John.

Qu'est-ce que monsieur le duc désire prendre pour son petit
déjeuner ?

Plup, *négligemment*

Vous direz au chef de me faire deux œufs sur le gril. *(A ce
moment, en se regardant dans la psyché, il fait des grâces, recule et
bute contre le panier grand ouvert dans lequel il tombe. John,
froidement, referme le couvercle et fait signe aux autres domestiques*

qui reviennent, empoignent le panier sans précautions et le chahutant abominablement en le sortant sur la ritournelle de l'orchestre as si tout avait été soldat... Sortie à régler sur la reprise au chœur des domestiques succédant à la ritournelle —. Seulement, le panier étant truqué comme ceux des prestidigitateurs, Plum l'a quitté, est descendu par une trappe, revient par la coulisse de gauche derrière les domestiques sortant par la droite et prend part au pas de sortie en se moquant de John et des autres larbins.

Scène 2ᵉ

Lord Archibald, Kennedy, Flatwel.

Archibald.

Alors, mes vieux amis, qu'est-ce que vous dites de mon idée?.. A-t-elle assez bien réussi?

Flatwel

Pour vous, mais pas pour moi. Quelle situation ridicule avec une négresse dans une gloriette. Vous auriez pu me prévenir que vous alliez faire éclairer les jardins subitement.

Kennedy

Et Madame Flatwel avec un nègre.

Flatwel

Dans un milieu tant soit peu collet monté, ça aurait fait très mauvaise impression, vous savez?

Kennedy

Sans compter que vous allez être obligé d'épouser la négresse et que Madame Flatwel devra se marier avec le nègre.

Flatwel, frappant sur la table

Ce n'est pas vrai ça au moins.

Archibald.

Mais non mon vieux Flatwel... L'édit ne s'applique qu'aux célibataires. Nous ne pouvons pas obliger les gens à devenir bigames.

Flatwel

On est déjà bien assez embêté avec une femme. Si on devait en avoir deux.

Archibald.

Reconnaissez avec moi que mon édit et mon idée ont produit des résultats magnifiques. Finies les suffragettes. Voici Kandy redevenue la ville de tout repos!

Kennedy et Flatwel

Enfin !

Archibald.

Et toutes ces turbulentes demoiselles fiancées à nos jeunes gens. Dans une heure elles seront mariées ; le cauchemar que nous vivions depuis plus de six mois sera terminé.

Kennedy et Flatwel

Pas trop tôt !

Archibald

Oui... Il n'y a qu'une chose qui me dérange un peu dans tout cela... c'est ma fille. Je ne la croyais pas capable de se laisser emmener comme ça dans un bosquet par le duc de Florigny... Vous le trouvez... carré, vous, le duc ?

Kennedy

Je le trouve assez rond...

Archibald

Il me produit une impression bizarre... et me semble un peu comique pour un gentilhomme ! Ah ! les ducs de notre temps ne ressemblaient guère à ceux d'aujourd'hui...

Flatwel, *ses deux pieds sur la table.*

Oui, les traditions fichent le camp.

Kennedy

Voudriez-vous dire que le fiancé de Miss Maud n'est pas un véritable gentilhomme et que son sang bleu n'est pas très pur ?

Archibald.

Sait-on jamais !... à notre époque les domestiques ont toutes les audaces... et les femmes du monde toutes les curiosités.

Flatwel

Moi, je puis vous assurer que c'est un duc absolument authentique.

Archibald :

Qu'est-ce qui vous fait dire ça ?

Flatwel

La paire de gifles qu'il m'a donnée.

Archibald, *tout naturellement.*

Évidemment, c'est une preuve... Il n'y a qu'un véritable gentilhomme pour savoir convenablement souffleter un roturier.

Platwel, *suite*

C'est évident !

Scène 3ᵉ

Les Mêmes, Les Suffragettes

(On entend au loin un murmure qui se rapproche.)

Lord Archibald.

Qu'est-ce que c'est que ça ?

John.

Une délégation des suffragettes de Kandy demande à être reçue par le Lord Résident.

Lord Archibald.

Faites entrer.

(Entrée des suffragettes conduites par Mᵐᵉ Platwel.)

Chœur.

Honneur, honneur au Résident
Magistrat sagace et prudent,
Par qui l'amour et son prestige
Ont refleuri dans notre cœur.
L'amour est notre cher vainqueur
L'amour fleurit dans notre cœur
Comme une rose sur sa tige.

Mᵐᵉ Platwel,

Oui, nous avons compris nous autres faibles femmes qu'il
nous faut dans la vie avoir un homme pour soutien.

Kate.

Et que l'amour avec ses tourments et ses flammes
Est, en somme, tout compte fait, notre seul bien.

Chœur

Honneur, honneur au Résident
Magistrat sagace et prudent
Par qui l'amour et son prestige
Ont refleuri dans notre cœur
L'amour est notre cher vainqueur
L'amour fleurit dans notre cœur
Comme une rose sur sa tige
Honneur, honneur au résident !

Mme Flatwel.

Monsieur le Résident, permettez-moi de prendre la parole au nom de mes sœurs les suffragettes de Kandy.

Flatwel, narquois.

Vos sœurs... vos jeunes sœurs alors !...

Mme Flatwel, rectifiant après un regard soumis vers son mari.

Au nom de mes jeunes sœurs les suffragettes de Kandy. Nous reconnaissons bien volontiers que jusqu'ici nous ne sommes montrées insupportables avec nos meetings et nos revendications. Désormais nous nous engageons à faire sans protester toutes les volontés des hommes et à obéir fidèlement à toutes les exigences de nos maris.

Flatwel.

Je n'en crois pas mes oreilles.

Mme Flatwel.

Merci, monsieur le Gouverneur, d'avoir fait allumer l'électricité dans les bosquets de votre parc, elle nous a, si l'on peut dire, illuminées jusqu'au fond de l'âme et nous y avons vu nos sentiments exacts qui sont l'amour et la fidélité envers les hommes ! (à Flatwel.) Mon cher époux, je m'incline devant toi et je te demande pardon de tous les embêtements que je t'ai procurés jusqu'ici.

Flatwel.

C'est pas possible, on vient de me la changer en nourrice...

Archibald.

Mesdames, les sentiments que vous exprimez sont moins mon œuvre que l'œuvre du Dieu d'amour ! afin de fêter comme il convient le petit dieu malin, revenez dans un moment pour la cérémonie du mariage que je veux célébrer en grande pompe.

(Sortie de toutes les dames sur la reprise du chœur.)

Reprise du Chœur.

Honneur, honneur au Résident
Magistrat sagace et prudent
Par qui l'amour et son prestige
Ont refleuri dans notre cœur

L'amour est notre cher vainqueur
L'amour fleurit dans notre cœur
Comme une rose sur sa tige.

—

Scène 4e

Lord Archibald, Flatwel, Kennedy, Flup.

Archibald, à part

Allons bon voilà mon gendre... quel costume excentrique!...
Mon Dieu, où êtes-vous Brummel?.... (*à Flup.*) alors, c'est le
grand jour!...

Flup.

Oui, beau-père, et j'ai le cœur qui me fait tic-tac. qui m'aurait dit, il y a quinze jours que j'épouserais la fille d'un
lord anglais....

Flatwel

Dites-moi, monsieur le Duc, il nous reste à avoir une
explication tous les deux.

Flup, surpris.

Tiens, à propos de quoi?

Flatwel.

Vous m'avez bien donné une paire de gifles, n'est-ce pas?

Flup, tout naturel

Oui.

Flatwel

Eh bien! il faut que nous nous battions en duel tout de
suite après votre mariage.

Flup, avec bonhomie

Ce n'est pas possible, mon vieux — Je suis le duc de Florigny,
je ne veux pas me battre avec un chef de gare. Tout ce
que je peux faire, c'est de vous faire battre par mon
domestique. (*Le grand domestique passe.*)

Flatwel, le contemplant

Oh! bon... alors n'en parlons plus! mais dites-moi au moins
pourquoi vous m'avez donné ces gifles?

Flup.

Ma foi, je ne sais pas... parce que je les avais sur moi

Flatwel.

Tout simplement.

Flup.

Tout simplement.

Flatwel

Alors, vous ne m'en voulez plus?

Flup

Pas du tout.

Flatwel

Bon, serrons-nous la main, voulez-vous. (shake-hand.)
Maintenant que la question d'honneur est réglée abor-
dons la question sentimentale, il paraît que vous avez
fait la cour à ma femme?

Flup

Moi?

Flatwel

C'est elle qui me l'a dit...

Flup

Oh! la petite menteuse, Madame Flatwel confond certainement
avec un autre. Comment voulez-vous que moi le duc de Florigny
je fasse la cour à la femme d'un chef de gare.

Kennedy, à Flatwel, en sortant par le fond droite

Je vous l'avais bien dit: voyez-vous un duc faire la cour à
la femme d'un chef de gare? allons donc, elle aura confondu
avec un autre.

Archibald.

Pardon, mon cher duc, puis-je vous demander quelque chose?

Flup.

Mais comment donc! je n'ai rien à vous refuser à vous qui
ne me refusez rien.

Archibald.

C'est juste! Eh bien, je voudrais, en votre compagnie, jeter
un coup d'œil dans les salons de la Résidence.

Flup.

Mais avec plaisir. Oh! tout est en ordre! J'ai réglé les
moindres détails, j'ai tout chambardé. Vous allez
voir si j'ai le génie de l'organisation.

Archibald, inquiet et à part.

Qu'a-t-il pu faire?

Flup.

Vous savez dans le grand salon d'honneur, sur la cheminée,

il y avait le buste d'un monsieur que je ne connais pas...

Archibald.

Oui, c'est le buste de S. M. le roi d'Angleterre.

Flup.

Ah! je ne savais pas... Eh bien! je l'ai flanqué par la fenêtre et je l'ai remplacé par un réveil-matin, au moins c'est utile!

(Ils sortent.)

Scène 5.

Edith, Destange.

Edith.

Qu'est-ce que vous voulez, mon ami, s'il n'y a vraiment pas moyen de faire autrement, je serai bien obligée de convoler avec Florigny.

Destange

Mais vous n'y pensez pas!... Le mariage n'est pas votre affaire et vous me faites sourire avec votre vertu, vos suffragettes et votre respectabilité... Ce qu'il vous faut, à vous, c'est Montmartre, l'amour et le Moulin de la Galette. Est-ce que votre jeunesse ne vous remonte pas au cœur lorsque vous songez aux beaux jours d'autrefois.

Edith.

Ah! revoir Paris! Les Folies Bergère!...

Destange

Et la Butte!

Edith.

Montmartre, Montmartre qui vit mes débuts

Destange

Et comme mon congé est expiré, je vous accompagne.

air:

Edith

Je vais revoir Montmartre, oh! la ville de joie
Où le Moulin légendaire rougeoie

Où Midinettes et rapins
Joyeux garçons et belles filles
Dînent dans les cabarets suburbains
Avec des gibelottes de lapins
Et des matelottes d'anguilles,
Le tout arrosé d'un petit vin clair
Venu des Côteaux de Suresnes
Moussant dans un cristal que leur main dresse en l'air
Vers un ciel bleu plein d'étoiles sereines
Des baisers pétillent aussi ;
L'esprit fuse de là, de ci
Montmartre cher ami, je le revois ainsi...

Pris de son chacun, chacune
Sous le clair de lune
Au ciel dans ses yeux atteint,
Qu'elle soit blonde ou brune,
Du soir mauve qui s'éteint
Parmi l'aube importune
Jusqu'à l'éveil incertain
Du clair matin
Tin, tin, tin, tin !

<u>Destange</u>
O la joyeuse vie.
<u>Edith</u>
Tin, tin, tin, tin !
<u>Destange</u>
Que tu menais ravie.
<u>Ensemble</u>
O Montmartre ! je vais un jour prochain
Te retrouver enfin !

(Danse et sortie

Scène 6e

(Après la scène V, immédiatement après la sortie d'Edith
et Destange, Blur entre par la coulisse par où ils sont sortis en
même temps que Maud entre à l'opposé.)

9

Plup

Qu'est-ce qu'ils ont à danser tout le temps ces deux-là?... Ils ont tout à fait l'air de jouer une opérette anglaise... (apercevant Maud.) Ah! Miss Maud!... Mon Dieu!... qu'elle est jolie... (parlant) Je suis bien content de vous rencontrer... Je voulais justement vous expliquer quelque chose...

Maud, froide

Quoi?...

Plup

Vous savez, la cheffesse de gare, la chef de garesse, la femme du chef de gare, quoi!... je n'ai rien eu avec elle...

Maud.

Mais je le pense bien.

Plup

Non, non... vous n'avez rien à craindre... je vous préfère de beaucoup à elle... c'est vous seule que j'aime.

Maud, s'éloignant un peu.

Je voulais justement vous parler à ce propos... Dans le fond, mon cher Plic, je vous aime, moi, beaucoup moins que je le voudrais.

Plup

Ca ne fait rien, ma chérie... oh! pardon!... Ca ne fait rien, miss Maud, ca viendra, ca viendra certainement... (très gentiment) La queue du chat est bien venue...

Maud.

Alors, n'est-ce pas... dans les premiers temps de notre mariage... et même plus tard... et même toujours... je désire qu'il ne se passe rien entre nous et que nous vivions comme frère et sœur... C'est bien compris?... Pas ça!...

Plup, abruti

ah!

Maud.

Voilà!... c'est tout.

(Plup, estomaqué par cet ultimatum, reste un moment bouche bée, puis, peu à peu, distraitement, et pensant à tout autre chose, sifflote entre ses dents le motif du tango, et sort, préoccupé, en esquissant le pas sous l'ironique regard de Maud.)

Maud.

Et dire que j'en suis réduite à épouser ce grotesque!... (Entrée de Raymond.)

Scène 7.e

Maud, Raymond.

Raymond.

Pardonnez-moi, Miss Maud de vous importuner encore de ma présence... mais je suis venu dans une bonne intention... pour vous éviter le choc d'une surprise désagréable et pour vous préparer à une chose un peu pénible.

Maud.

Il ne peut plus rien m'arriver de pénible, Monsieur.

Raymond.

Si, je suis témoin au mariage du duc de Florigny.

Maud.

Vous auriez peut-être pu m'épargner ce surcroît d'humiliation.

Raymond.

Il m'était tout à fait impossible de refuser au duc, mon ami, mon plus intime ami, d'être témoin de son bonheur.

Maud.

Il est plus à plaindre qu'à envier.

Raymond.

Pourquoi ?

Maud

Croyez-vous donc que je puisse aimer demain ce Florigny, alors que, hier, j'en aimais un autre ! Pour qui me prenez-vous donc ? Je m'étais donnée... Je peux me reprendre, soit !... Mais je ne peux pas me redonner au voisin vingt-quatre heures après. Ce duc qui fait le saltimbanque à cent livres par mois. Pouah !

Raymond.

Vous avez tort... sous ses dehors fâcheux, c'est une âme exquise.

Maud.

Non, il vous manquait encore, à vous, de me faire son éloge.

Raymond.

Pourquoi pas ?... Vous lui reprochez d'avoir accepté pour vivre un emploi que vous jugez déshonorant. Il faut encore tenir compte des circonstances. Raymond de Florigny n'est pas un mauvais garçon, un débauché vulgaire. Il a fait la fête certainement. C'était de son âge et de son rang. Mais il a fait une fête excusable, jolie, élégante, comme on la fait à Paris.

Maud.

Lui, une fête élégante... non, mais regardez-le...

Raymond.

Raymond n'a pas connu sa mère. Il n'a pas eu de sœur, aucune bonté féminine n'entoura sa jeunesse, il a l'âme toute neuve d'un enfant et vous adore.

Maud.

Monsieur, il m'est pénible que ce soit vous qui me le disiez.

Raymond.

Et puis quoi !... parce qu'il a accepté cent livres par mois pour organiser des fêtes chez lord Archibald le grand crime ! Son père lui avait coupé les vivres !

Maud.

Ce qu'il y a de plus risible dans son cas, c'est de voir ce ridicule balourd donner des leçons d'élégance. Mais il est odieusement bête votre ami ! Il s'habille comme un serin !

Raymond

Miss Maud, je vous en prie !

Maud

Souffrez que je me retire, il est bientôt dix heures et la cérémonie va commencer. (avant de s'éloigner) Pourquoi n'est-ce pas lui, mon Dieu, pourquoi n'est-ce pas lui ?

(Maud sort.)

Scène 8e

Raymond, Plup, Destrange.

Plup.

Ah ! vous voilà, nous vous cherchions... Comment trouvez-vous ma toilette ?

Raymond.

A votre place, j'aurais mis un gilet de soie crème et un habit marron.

Plup.

Non, j'ai horreur de la crème aux marrons.

Raymond

Donc, dans une heure vous serez le mari de Miss Maud ?

Plup.

Parfaitement dans une heure.

Raymond

Et vous allez l'épouser sous mon nom ?

Flup

Naturellement, puisque sous le mien, je suis déjà marié.

Raymond.

Où est votre première femme.

Flup

Je n'en sais rien... il y a dix ans, dégoûtée d'être la femme d'un simple commissionnaire, elle est partie avec un autre homme, un cocher de fiacre... alors maintenant elle a chevaux et voitures.

Raymond

Et vos trois enfants ?

Flup, redevenu gentiment peuple avec une très légère pointe d'émotion

Nous en avons perdu deux... celui qui reste est apprenti chez un marbrier de la rue des Couronnes.

Destange

Mais enfin, vous ne pouvez pas consentir à épouser Miss Maud. Voyez la distance qui vous sépare.

Flup, avec conviction, mais simplement.

Je ne peux pas lui refuser ça, puisqu'elle m'adore !

Chant.

Ses bras mis à mon cou pour l'étreinte durable.
Ils sont à moi.

(parlé sur musique de scène)
Vous l'avez bien entendu
Oh ! je ne la désirais pas
Ne songeant nullement à elle
Elle était si haut, moi si bas
Non, je ne la désirais pas...
Je la trouvais lointaine et belle
Comme les saintes que l'on voit
Dans l'humble église de chez moi
Mais voilà qu'elle est descendue
De son beau ciel, et, tout à coup ;
Elle est tout près de moi venue
Mettant ses deux bras à mon cou.
Alors depuis cela je l'aime...

Vous comprenez bien ça, messieurs,
Puisqu'elle descendait des cieux
Comme la Madone elle-même...
Elle a mis ses bras à mon cou,
Je n'y ai rien compris du tout! -
Mais depuis, tout tremblant de mon bonheur, je l'aime!

Raymond.

Mais enfin que s'est-il passé entre vous deux sous la gloriette?

Flup.

Rien du tout!

Raymond.

Elle vous a parlé? qu'est ce qu'elle vous a dit!

Flup.

Eh bien! voilà! Il faisait nuit, elle m'a pris par la main et
m'a fait mettre à côté d'elle en disant:" Asseyez-vous là,
imbécile ... alors je me suis assis.

(Raymond et Destange échangent des regards.)

Destange, emmenant Raymond à gauche
pendant que Flup arrange un mouchoir de couleur successivement dans
l'échancrure de son gilet, dans sa manchette, dans la poche de côté de son
habit. Tout ça ne lui plaît pas. Découragé il noue le mouchoir autour de
son cou à la Cow-boy et sort.)

Je pense que tu ne vas pas laisser accomplir une pareille mons-
truosité. Miss Maud ne peut pas être la femme de ce pauvre
homme, après les aveux qu'elle t'a faits et que tu m'as racontés.

Raymond.

Puisqu'elle me prend pour Flup et me croit marié...

Destange

Dis-lui tout simplement que tu es le duc Raymond de Florigny.

Raymond.

Pour qu'elle me réponde: asseyez-vous là, imbécile! Non, merci.
Et puis je voulais qu'elle aime en moi l'homme et non
le Duc.

Destange

Mais c'est bien l'homme qu'elle aimait en toi puisqu'elle te
prenait pour Flup.

Raymond.

Elle n'avait qu'à ne pas se décourager à la première difficulté.

Dorange

Ah! tues admirable, toi! Une femme et trois enfants! Tu appelles ça la première difficulté! Enfin, soit! Allons remplir notre devoir de témoins. Voici justement les fiancés... C'est mal ce que tu fais là, Raymond...

(Entrée des suffragettes mariées. Mariés. Domestiques, tout le monde.)

Lord Archibald

Chers administrés. Toutes les formalités ayant-été plus ou moins observées et votre consentement mutuel étant établi par la nécessité où vous êtes tous de vous marier, sous peine d'âl-les en prison, nous, premier magistrat de la ville de Kandy, vous déclarons unis par les liens sacrés du mariage devant Dieu et devant les hommes. (Le greffier fait signer.) Maintenant, il ne reste à remplir un devoir bien doux au cœur d'un père; je vais marier ma propre fille, Raymond, duc de Florigny, consentez vous à prendre pour femme Miss Maud Archibald?

Rup

Oh oui!

Archibald.

Miss Maud Archibald, consentez vous à prendre pour époux le duc Raymond de Florigny.

(Maud ne répondant pas Lord Archibald recommence la même question.)

Maud, péniblement

Oui!

Archibald.

Au nom de sa gracieuse Majesté, je vous unis devant Dieu et devant les hommes. Greffier, faites signer les époux et leurs té-moins-

(A ce moment, après avoir signé. Maud s'effondre en sanglotant sur l'épaule de son père) (Lord Archibald pleure)

Kennedy, lui tapant sur l'épaule.

Allons, ne pleurez pas comme ça. J'ai justement une lettre pour vous, tenez.

Lord Archibald, larmoyant et prenant

La Lettre

Merci. Qu'est-ce que vous voulez, c'est plus fort que moi. C'est la première fois que je marie ma fille unique.

Le greffier, présentant le livre

Les témoins !

Raymond, à Flup

Signez ici, vous !...

Flup, à Raymond.

Comment dois-je signer ?...

Raymond

De votre nom, pardi !... Vous n'allez pas commettre un faux
en écritures publiques, je suppose... vingt ans de travaux
forcés,

Flup

Brr !..

Raymond, désignant la place du doigt.

Signez Flup... ici... les témoins.

Flup.

Permettez !... Je ne suis pas un témoin, je suis le marié.

Raymond.

Et votre femme !... Vous voulez donc être bigame... Cinquante
ans de travaux forcés !... Signez ici... Vous comprendrez après.

(Flup signe puis Destanges)

Raymond, à Flup.

Et maintenant, voilà votre livret militaire, rendez-moi
mon portefeuille

Flup

Pourquoi faire ?

Raymond

Rendez-moi mon portefeuille !..

Flup

Si je ne le lui rend pas, il va encore me donner des gifles devant toute la noce. *(Il rend le portefeuille Raymond vavers
Miss Maud.)*

Raymond.

Ma chère, voulez-vous prendre le bras de votre mari ?

Maud.

Quoi ? Qu'est-ce que vous dites ? Allez-vous en. Je vous déteste... Il est trop tard... Je suis la duchesse de Florigny...

Raymond

Eh bien ! vous êtes ma femme, car je suis le duc de Florigny.

Maud, *montrant Flup.*

Alors et lui ?

Raymond.

Ah ! lui, c'est Flup, Antonin Flup. Nous avions échangé nos personnalités, parce que vous aviez déclaré me mépriser à cause du métier qu'une nécessité momentanée me faisait faire.

Maud.

Alors la femme ?

Raymond.

Elle est à lui.

Maud.

Et les trois enfants ?

Raymond

Ils sont à lui.

Flup, *en l'air.*

Ils sont à moi !... Allons, bon... Il me rend toute ma famille à présent.

Raymond.

Moi, je n'ai qu'une épouse exquise en attendant les trois bébés.

Lord Archibald, *suffoqué.*

Mais, monsieur..

Maud.

Taisez-vous, mon père, je suis la plus heureuse des femmes.

Archibald, *à Kennedy et à Flatuel.*

Moi aussi. (à ce moment deux agents introduisent Edith.) Qu'est-ce ?

Flup, *s'avançant*

Vous me dites de passer à la caisse ?

Archibald.

Non... je demande : qu'est-ce que c'est ?...

1er agent.

C'est Miss Edith Smithson que nous avons arrêtée au moment où elle prenait le paquebot pour s'enfuir en Europe.

Archibald.

Allons bon !... C'est étonnant que la police fasse toujours des gaffes !... (à Raymond.) Vous devez épouser celle-là aussi... Comment faire ?

Destange

Permettez !... Je me substitue à mon ami Floriguy et

j'épouse miss Edith.

Edith

Tiens, oui, au fait, mon petit Destange... C'est la première fois que ça nous arrivera.

Flup

Et moi, qu'est ce que je deviens dans tout cela ?

Raymond.

Toi, tu deviens encombrant.

Flup.

Décidément, je n'ai jamais eu de veine.

Raymond.

Mais enfin, comme tu as été bien gentil, je te ferai une situation à Paris. Et puis à l'occasion de mon mariage je veux te faire un cadeau. Tu peux emporter, en souvenir du pays, ce qui te plaira le mieux, ici.

Flup, plantant l'index sur la poitrine du grand domestique

Oh ! ach'tez-moi celui-là !

Couplet final.

Kennedy.

Et maintenant l'histoire se termine
Ell' se termin' parce qu'elle prend fin

Maud

Par un mariage ainsi qu'on l'imagine
Sans pour cela se croire un grand devin.

Raymond

Que le public qui déjà s'y prépare
Nous applaudisse avant de nous quitter

Archibald.

Constatons-le, toujours on se sépare
Lorsque chacun s'en va de son côté

Les Artistes

Ils sont dans la salle les bravos
Ils sont dans la salle
Ils sont dans la salle les bravos
Ils sont dans la salle.

Artistes et chœurs

Ils sont dans la salle les bravos
Ils sont dans la salle

Ils sont dans la salle les bravos
Ils sont dans la salle
Pan, pan, frappez dans vos mains
applaudissez jusqu'à demain
Ça fera plaisir aux artistes
C'est très humain
Criez tous bravo très fort
allons un petit effort
Si nos couplets ne furent pas tristes
Encor! Encor!

_ Rideau _

Paris. Imprimerie E. Delanchy & Fils.   Autographie: V Castinel _ Paris